Bartholomew
EDINBURGH
Streetfinder
STREET ATLAS

CONTENTS

Legend	3
Key to Map Pages	4
City Centre Map	6
Map Pages	8
Index	52

Bartholomew
An Imprint of HarperCollinsPublishers

Bartholomew Edinburgh Streetfinder Atlas

Bartholomew
An Imprint of HarperCollins*Publishers*
77-85 Fulham Palace Road, Hammersmith, London W6 8JB

Copyright © Bartholomew 1995

All rights reserved. No part of this publication may be reproduced, stored in a retrieval system, or transmitted, in any form or by any means, electronic, mechanical, photocopying, recording or otherwise without the prior written permission of the publisher and copyright owners.

The contents of this edition of the Bartholomew Edinburgh Streetfinder Atlas are believed correct at the time of printing. Nevertheless the publisher can accept no responsibility for errors or omissions, changes in the detail given or for any expense or loss thereby caused.

Based upon the Ordnance Survey with permission of the Controller of Her Majesty's Stationery Office.
© Crown Copyright.

Printed in Hong Kong.

ISBN 0 7028 2705 3

GI 7731 RNB

Legend

≡	main through road	L	library
=	dual carriageway	△	primary school
▬	main link road	▲	secondary school
▬	other road	✚	hospital
=	lane, drive	Ⓟ	police station
i	tourist information centre	Ⓕ	fire station
P	car park	⇌	railways / main station
•	post office	⊕	airport coach terminal
⌐	public building		woodland
+	church		built-up area
▮	tower block	☀	viewpoint
★ King's	theatre	⚑	golf course
☐ Cannon	cinema	≋	swimming pool
■ Usher Hall	public hall	▲	sailing centre
∘ Huntly Ho. Mus.	museum or gallery	🚐 ⛺	caravan / camping site

Scale of main map pages - 1:15 000 (4.2 inches to 1 mile)

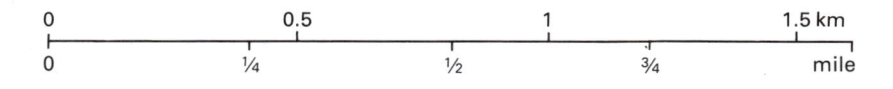

```
0           0.5          1         1.5 km
|————|————|————|————|————|————|————|
0     ¼      ½      ¾          mile
```

4

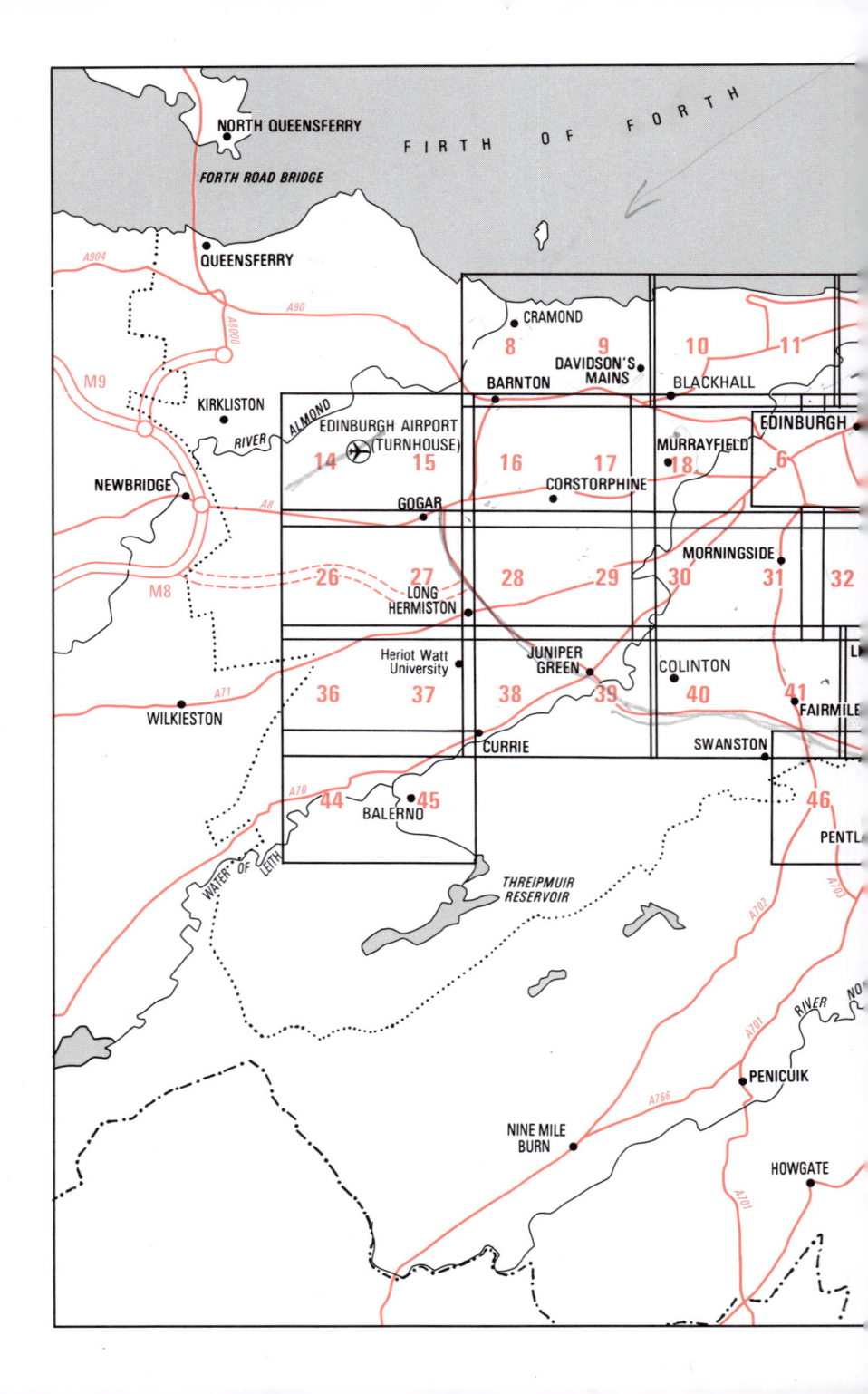

KEY TO MAP PAGES

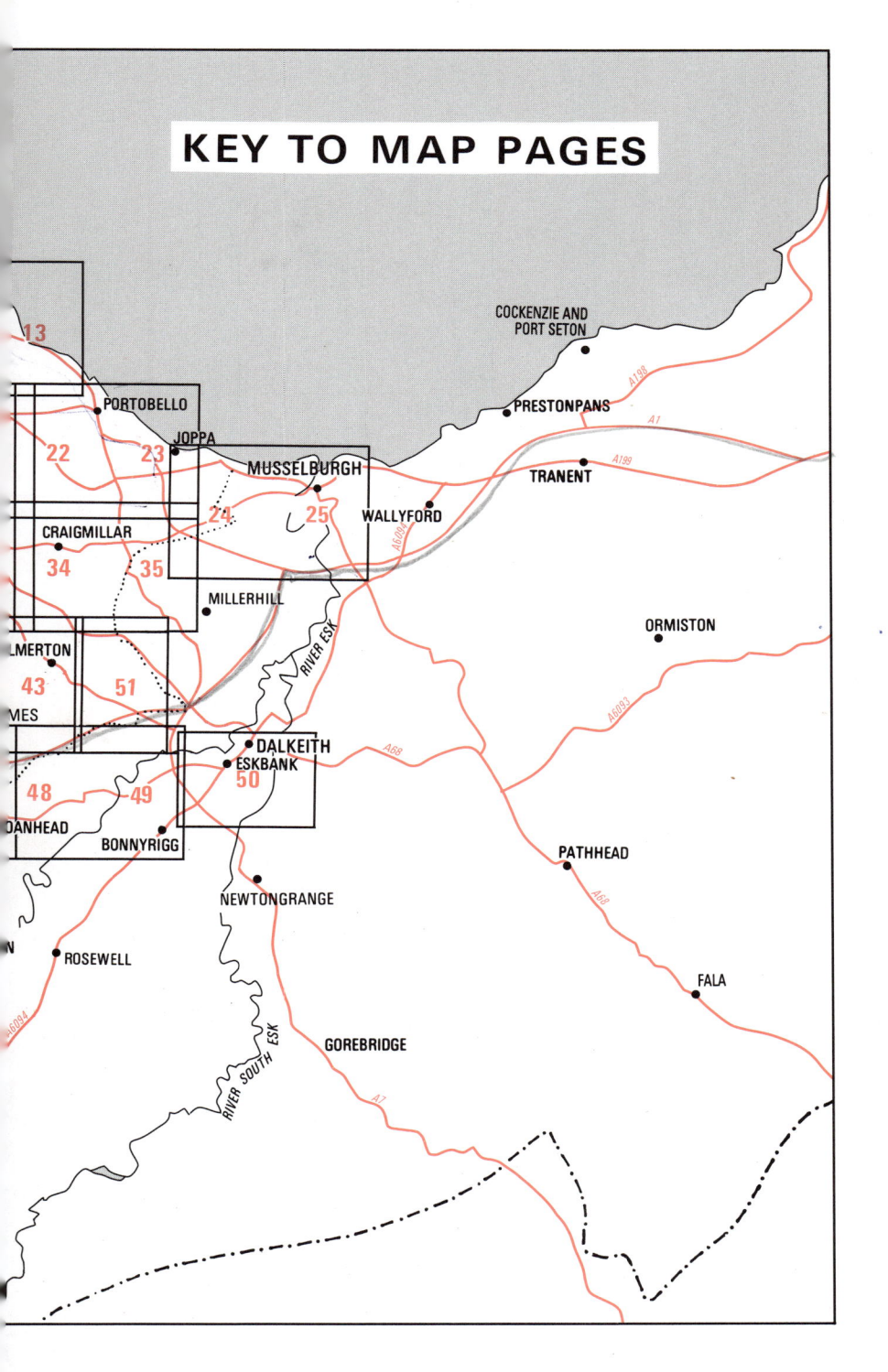

L Scale 1:10 000 25

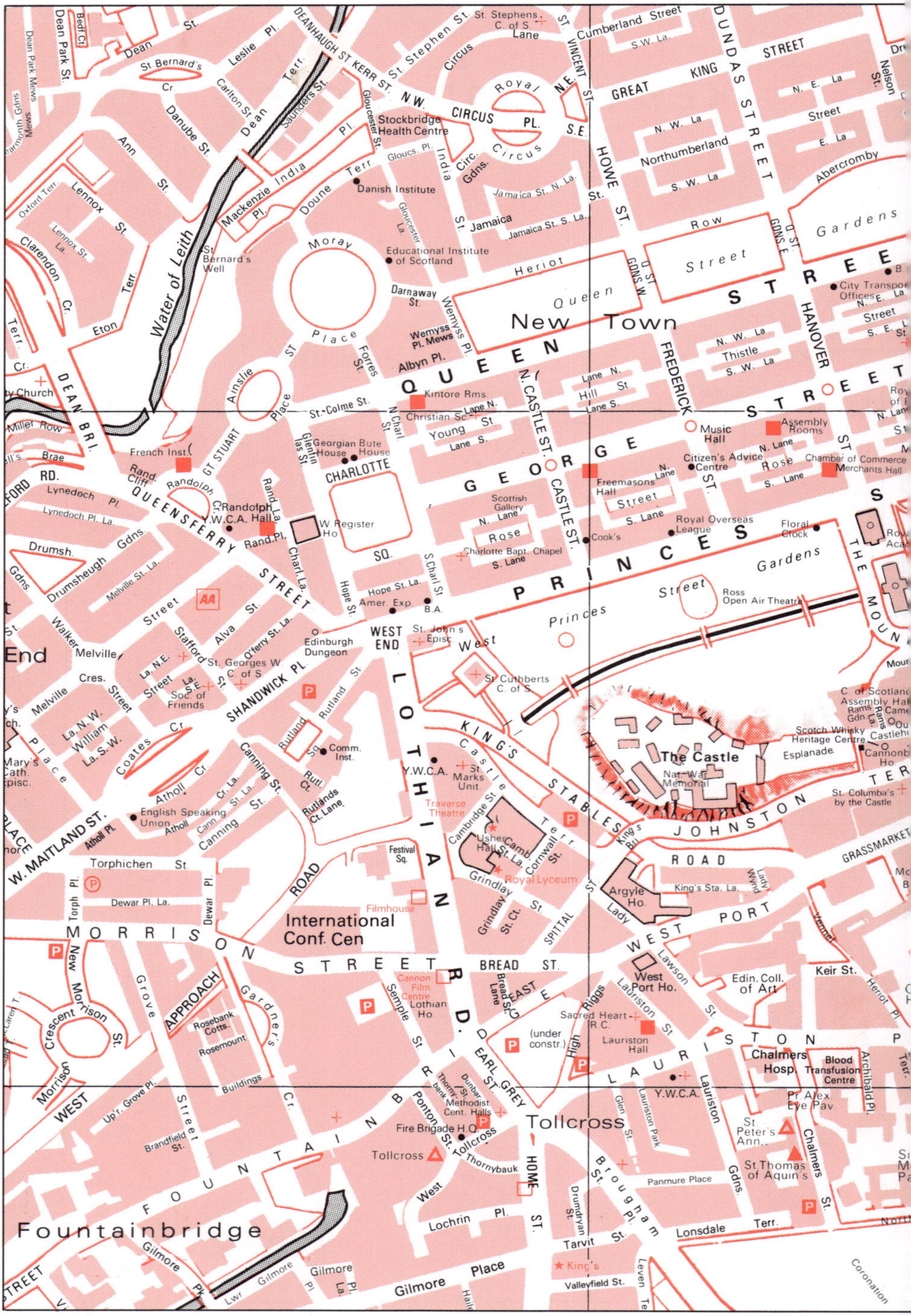

26
N
17
74
16
73
15
LONDON ROAD
Leopold Place
Hillside Cr.
Royal Terrace Gardens
Royal Terrace
CALTON
HILL
Regent Gardens
Calton
REGENT ROAD
Regent Terr.
Regent Road Park
City Observatory
Edinburgh Experience
National Mon.
Nelson Mon.
Crown Office Bldgs.
St. Andrew's Ho
Lincoln Mon.
Calton New Burial Ground
Burns Mon.
Nether Craigwell
Palace of Holyroodhouse
Queen Mary's Bath Ho.
Abbey Strand
ABBEYHILL
White Horse Close
Calton Road
YORK PL.
PICARDY PL.
LEITH ST.
LEITH WLK.
BROUGHTON ST.
Playhouse
St. Mary's Cath. R.C.
St. James Centre
Bus Sta.
Register Ho.
Royal Bank of Scotl
Wellington Mon.
WATERLOO PL.
G.P.O.
NORTH BRIDGE
Waverley Market
Waverley Sta.
WAVERLEY BRIDGE
Ticket Centre & Tattoo Office
Fruit Market Gallery
City Art Centre
E. Market St.
Jeffrey St.
Scottish Poetry Lib.
Brass Rubbing Cen.
John Knox's Ho
Netherbow Centre
Old St. Pauls Episc
CANONGATE
Canongate Tolbooth and People's Story
Canongate Church C. of S.
Royal Mile
Queensberry House Hosp.
Huntly Ho. Mus.
Acheson House (Scot. Craft Centre)
Canongate
Moray Ho Coll. of Ed
HOLYROOD ROAD
Lochview Ct.
Holyrood Ct.
QUEEN'S DRIVE
Chessels Court
Mus. of Childhood
Scottish Experience
HIGH ST.
City Chambers
Cockburn St.
St. Giles Cath. C. of S.
Festival Fringe Office
The Tron
Parliament Ho.
County Hall
National Lib.
COWGATE
SOUTH BRIDGE
St. Cecilia's Hall
St. John's Hill
Pleasance Sports Ctre. (Edin. Univ.)
Pleasance Thea.
PLEASANCE
Viewcraig Gdns.
Dumbiedykes Rd.
Wilkie Ho.
Adam Ho.
Sheriff Courthouse
Infirmary St.
St. Patrick's
Drummond St.
Edinburgh Dental Hosp. & Sch.
CHAMBERS ST.
Edin. Univ Old Coll
Talbot Rice Art Gall.
Royal Mus. of Scot.
Lecture Thea.
GEORGE IV BRI.
CANDLEMAKER ROW
Greyfriars Kirk C. of S.
Forrest Hill
BRISTO PL.
Student Centre
Surgeons' Hall
New Arthur Pl.
Dumbiedykes
NICOLSON ST.
Nicolson Sq.
Reekie's Ct.
Brown St.
Lothian Region Health Board
Carnegie St.
Carnegie Ct.
TEVIOT PL.
Bristo Sq.
McEwan Hall
Medical Sch.
Potterrow
Crichton St.
Appleton Tower
George Sq.
Buccleuch & Greyfriars Free C. of S.
Crosscauseway
David Hume Tower
School of Scottish Studies
Univ. Library
Univ. Thea.
Buccleuch Pl.
Edin. Univ. Extra Mural Studies
Odeon
BUCCLEUCH ST.
CLERK ST.
Archers Hall
Meadow Lane
Boys Brigade Walk
Middle Meadow Walk
ST. LEONARDS ST.
St. Leonards
Rankeillor St.
Montague St.
Parkside St.
St. Leonard's Bank
Salisbury
Radical

Map of Cramond area (grid references 18–19 E–F, 75–20 N/S).

Notable labels:
- The Snab
- Dalmeny Estate
- Ferry
- Roman Fort (remains)
- Cramond Tower
- Cramond Ho.
- Esplanade
- Kirk Cramond
- Hall
- CRAMOND
- Cramond Glebe Gdns
- C. Glebe Terr
- River Almond Walkway
- The Glebe
- Caddell's Row
- School Brae
- Cramond Annexe
- Cramond Green
- Cramond Crescent
- Cramond Terr
- Cramond Park
- Cramond Ave
- Cramond Gdns
- CRAMOND ROAD NORTH
- Moray House Inst. of Physical Education
- Almond
- East Craigie
- Fair-a-Far Cotts
- Fair-a-Far
- ROAD
- Cramond Ct.
- Cramond Vale
- 120 Cramond
- Cramond Bank
- Gamekeeper's Loan
- Cramond Road
- Bruntsfield Link
- Invera Grove
- Inverarmond Gdns
- Inverarmond Drive
- Peggy's Mill Rd.
- Game Keep Cottage
- King's Cramond
- Cargilfield
- Golf Course
- Avon Road
- Avon Brace
- Avon Rd
- Avon Gro.
- Cramond Regis
- Barnton Brae
- Essex Pk.
- Essex Brae
- Regis Court
- Upp Cramond Court
- Dunnegan Court
- Barnton Avenue West
- Royal Burgess Golf Course
- Barnton
- Ewerland
- Brae Park
- Braepark Rd.
- Clanfield
- Braehead Ho.
- Almond Ct.
- Braehead
- Jock Howieson's (remains)
- CRAMOND BRIDGE
- Cramond Bridge Toll
- Davies Mill
- Braehead Avenue
- Braehead Loan
- Braehead Gro.
- Brae Bank
- Brae Pk.
- Braehead Road
- WHITEHOUSE ROAD
- Strath Green
- Strath. Ct.
- Strathalmond Park
- Strathalmond Road
- Cammo Gro.
- Cammo
- Cammo Crescent
- QUEENSFERRY ROAD
- Barnton
- Barnton Ct.
- Barnton Gro.
- Barnton Pk. Wood
- Barnton Park
- Barnton Park View
- Barnton Park Gdns
- Barnton Park Crescent
- Barnton Pk. Dr.
- Barnton Pk Gro
- Barnton Pk. Pl.
- Barnton Park Av.
- Clermiston

20
G
21
H
20
19
18
77
76
75
10
17
Gran
Esplanade
Marine Drive
MARINE DRIVE
Craigroyston Ho.
Muirhouse
84
Civil Service
Sports Ground
Silverknowes
Golf Course
(Public)
SILVERKNOWES ROAD
Silverknowes
Park
Muirhouse
Mains
Salvesen
Salvesen Gro.
Salv. Gro.
Salv. Terr.
Gdns.
Salvesen Cr.
Salvesen Gdns.
MUIRHOUSE PARKWAY
SILVERKNOWES PARKWAY
Mav Ct.
Fidra Ct.
Gunnet Ct.
Birnie's Ct.
Oxcars Ct.
Inchmickery Ct.
Martello Ct.
Muirho. Gro.
Muirho. View
Gdns.
Muirhouse
Penn. Medway
Pennywell Pl.
Pennywell
Pennywell Gardens
Gro.
Muirhouse Drive
Muirho. Loan
Muirhouse Medway
Muirhouse Cr.
Muirho. Way
Muirhouse Park
Muirho. Pl. W.
Lauriston Castle
Lauriston Farm
LAURISTON FARM RD.
Silverknowes Pl.
Silverknowes
Silv. Eastway
Silverknowes Gardens
Silverknowes Grove
Silverknowes Court
Silverknowes Hill
Silverknowes Crescent
Silverknowes Av.
Silverknowes Bank
SILVERKNOWES RD.
Silv. Loan
Silverknowes Terrace
Silverknowes Drive
Silv. Brae
Silv. Green
Silv. Midway
Silverknowes View
Silv. Southway
Silv. Dell
SILVERKNOWES RD. EAST
Muirhouse Park
Muirho. Pk.
Muirhouse Terr.
Muirhouse Green
Muirho. Bank
Muirhouse
Barnton
ROAD
SOUTH
Gardens
Barnton Pk.
Northlawn Terr.
Easter Park Drive
Garden Terr.
Barnton Loan
Barnton Av.
S. Barnton Av.
E.B. Gdns.
E. Barnton Avenue
Safeway
Shopping Centre
The Green
DAVIDSONS
MAINS
MAIN STREET
Quality St. La.
QUALITY ST.
Corb. Pl.
Corbiehill Cr.
Corb. Terr.
Marchfield Park La.
Silv. Rd. S.
Vivian
David Gdns.
Terr.
Silv. Neuk
Corbiehill Gro.
Corbiehill Gdns.
Corbiehill Av.
CORBIEHILL ROAD
Corbiehill Pk.
Davidson's Mains
Ho'Hill Brae
H. o'H Pl.
H. o'Hill Gro.
Ho'Hill Green
House o'Hill Cr.
House o'Hill Av.
House o'Hill Road
Ho'Hill Row
House o'Hill Gdns.
Wester Drylaw
Dry
Drylaw Ho. P.
Drylaw Gdns.
Drylaw Cr.
Drylaw Green
Whitehall
The Royal
High School
204
Davidson's
Mains Park
FERRY ROAD
HILLHOUSE ROAD
Marchfield Pk.
Marchf. Gro.
Hillpark Ct.
Hill. Dr.
Hillpark
Hillpark Cr.
Hillp'k Gdns.
Avenue
Marchf. Terr.
HWd.
Hillpark Way
Hillpark Loan
CRAI
CLERMIST
Clermiston
Barnton
Quarry
MOND

H
22
J
23
K
20
77
19
76
18
75
9
18
Granton Point
West Shore Road
West Harbour
West Pier
Sealcarr
Chestnut St.
Royston Ho.
Caroline Pk.
West Broompark
Granton Pk. Av.
GRAN
Granton
Gas Works
Granton Medw
Caroline Park Avenue
Govt. Training Centre
Granton Ho.
Gypsy Brae
West Shore Road
Caroline Pk. Gro.
WEST GRANTON ROAD
Royston Mains
Royston Crescent
Royston Mains Av.
Royston Mains Gdns.
PILTON DR. N.
Wardieburn Pl. W.
Wardieburn Rd.
Salvesen Gro.
Salv. Gdns.
Salv. Terr.
Pennywell Villas
Pennywell Cotts.
W. Granton Cres
W. Granton Terr.
W. Gr. Row
W. Gr. Drive
W. Gr. Green
G.M. Bk.
G.M. Galt
Granton Mains Wynd
G.M. Vale
G.M. Brae
G. Mains Ave.
G.M. Ct.
W. Gr. Grove
Royston Mains St.
Roy. Mains Pl.
Royston Mains Rd.
Royston
BOSWALL
Crewe Bank
Pilton Crescent
Pilton Place
Pilton Loan
PILTON DRIVE
Pilton Park
East Pilton Park
W. Pilton Dr.
West Pilton Ln.
W. Pilton St.
W. Pilton Gr.
West Pilton Terr.
W. P. St.
W. P. Rd.
Pirniehall
Pennywell Pl.
Pennywell Gro.
Pennywell Gardens
Northview Ct.
West Pilton Bank
West Pilton Crescent
W. Pilton Lea
Craigmuir
W. P. Crossway
West Pilton Rise
West Pilton Gdns.
West Pilton Park
West Pilton Gro.
West Pilton Place
Inchcolm Ct.
Inchgarvie Ct.
Crewe Road West
Crewe Path
Crewe Loan
Crewe Place
CREWE ROAD NORTH
Crewe Terr.
Crewe Gro.
Pilton
Ainslie Park Recreation Centre
Muirhouse
Muirhouse Cr.
Penn Ct.
PENNYWELL RD.
Muirho. Way
Muirhouse Av.
Muirho. Pl. E.
Muirho. Pl. W.
W. P. View
West Pilton Av.
St. David's
Crewe Rd. Gdns.
Northern General Hospital
Craigroyston
Inchview
Ferry Road
Ferry Rd. Gdns.
Ferry Rd. Pl.
Ferry Rd. Gro.
Ferry Road Drive
Ferry Road Av.
Muirhouse Green
Muirhouse Bank
CREWE TOLL
Telford College
CREWE ROAD
West Werberside
North Werber Rd.
North Werber Park
NorthWerberPark
FERRY ROAD
GROATHILL ROAD NORTH
Easter Drylaw Pl.
E. Drylaw View
Drylaw Drive
E. Drylaw Loan
E. Drylaw Way
E. Drylaw Bank
Wester Drylaw Place
E. Drylaw Gardens
E. Dry. Av.
Avenue
E. Drylaw Gro.
Easter
Drylaw Ho.
Drylaw Ho. Gdns.
Drylaw
Drylaw Ho. Padd.
W. Drylaw Av.
D. Park
Wester Drylaw Drive
Ferryhill
Telf. Pl.
Telford Drive
Telf. Gdns.
Grigor Dr.
Grigor Terr.
Grigor Avenue
Grigor Gdns
Davidson Park
Davidson Rd.
W. Woods
Porterfield Rd.
Western General Hospital
H. o'Hill Row
House o'Hill Gdns
Drylaw Gdns.
Drylaw Crescent
Drylaw Green
W. Drylaw Row
TELFORD ROAD
Whitehall
Craigleith Hill Green
Craigleith
Gro. Gdns.
HILL
Police H
Carrington
SOUTH

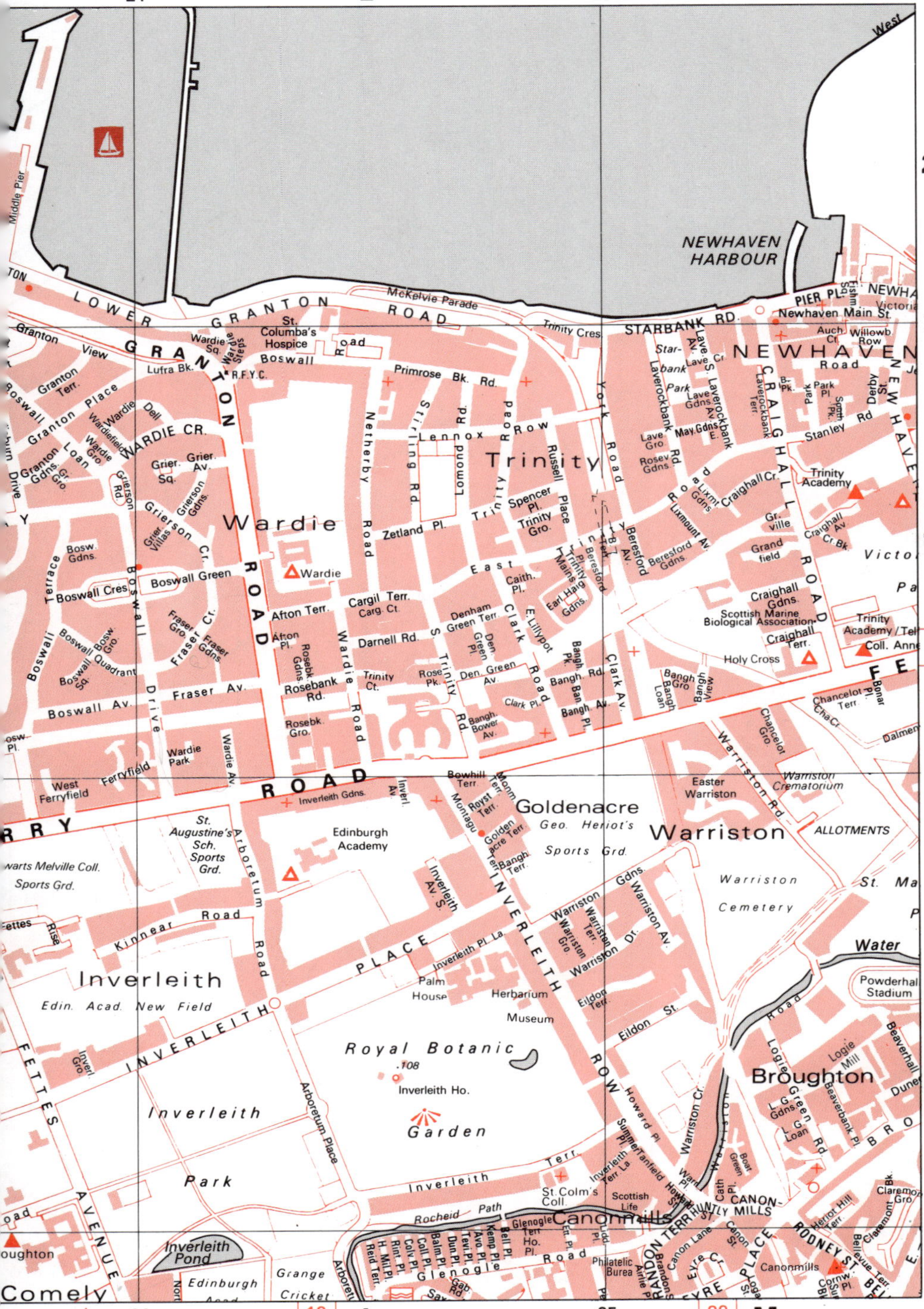
24
L
25
M
20
77
19
76
18
75
NEWHAVEN HARBOUR
West
Middle Pier
LOWER GRANTON ROAD
McKelvie Parade
Trinity Cres
STARBANK RD.
PIER PL.
Newhaven Main St.
NEWHAVEN
Victoria
Auch. Ct.
Willowb. Row
NEWHAVEN Road
Granton View
GRANTON
Granton Terr.
Granton Place
Granton Loan
Granton Gdns.
Wardie Sq.
Wardie Steps
St. Columba's Hospice
Boswall Road
Lufra Bk.
R.F.Y.C.
Primrose Bk. Rd.
Starbank Park
Lave. Av.
Lave. Cr.
Laverockbank Rd.
Laverockbank Av.
Laverockbank Terr.
Lave Gdns.
Lave Gro.
May Gdns.
Park Pl.
B. Pk.
Smith Pk.
Derby St.
Stanley Rd
Wardie Dell
Wardiefield
Wardie Gro.
WARDIE CR.
Grier. Sq.
Grier. Av.
Grierson Rd.
Grierson Gdns.
Grierson Cr.
Grier Villas
Gr. Gro.
Boswall Drive
Lennox Row
Stirling Rd.
Lomond Rd.
Netherby Road
Trinity Road
Russell Place
York Road
Trinity
Rosev. Gdns.
Lixmount Gdns.
Lixmount Av.
Craighall Cr.
CRAIGHALL ROAD
Trinity Academy
Spencer Pl.
Trinity Gro.
Zetland Pl.
Wardie
Bosw. Gdns.
Boswall Terrace
Boswall Cres.
Boswall Green
Boswall Loan
Boswall Quadrant
Bosw. Gro.
Boswall Sq.
Boswall Av.
Fraser Gro.
Fraser Cr.
Fraser Gdns.
Fraser Av.
East Trinity Road
Caith. Pl.
Trinity Mains
Earl Haig Gdns.
E. Lillypot
Beresford Terr.
Beresford Av.
Beresford Gdns.
Gr. ville
Grand field
Craighall Av.
Craighall Cr. Bk.
Craighall Gdns.
Scottish Marine Biological Association
Craighall Terr.
Holy Cross
Trinity Academy / Tel
Coll. Annex
12
Victoria Pa
Afton Terr.
Afton Pl.
Cargil Terr.
Carg. Ct.
Darnell Rd.
Denham Green Terr.
Den Green Pl.
Den. Green Av.
Clark Road
Bangh. Pk.
Bangh. Rd.
Clark Av.
Bangh. Gro.
Bangh. Loan
Bangh. View
Rosebk. Gdns.
Rosebank Rd.
Rosebk. Gro.
Wardie Road
Trinity Ct.
Rose Pk.
Bangh. Bower Av.
Clark Pl.
Bangh. Av.
Ban. Pl.
FERRY ROAD
Chancelot Terr.
Cha. Cr.
Bonar Pl.
Chancelot Gro.
Dalmeny
Boswall Drive
Wardie Park
Wardie Av.
West Ferryfield
Ferryfield
Bosw. Pl.
Inverleith Gdns.
Inverl. Av.
Bowhill Terr.
Monm. Terr.
Royst. Terr.
Montagu Terr.
Goldenacre Terr.
Bangh. Terr.
Goldenacre
Geo. Heriot's Sports Grd.
Easter Warriston
Warriston
Warriston Rd
Warriston Crematorium
ALLOTMENTS
St. Augustine's Sch. Sports Grd.
Stewarts Melville Coll. Sports Grd.
Arboretum Road
Edinburgh Academy
Inverleith Av. S.
INVERLEITH ROW
Warriston Gdns.
Warriston Terr.
Warriston Gro.
Warriston Dr.
Warriston Av.
Warriston Cemetery
St. Mary's Pl
Water
Powderhall Stadium
Fettes Rise
Kinnear Road
PLACE
Inverleith Pl. La.
Inverleith
Edin. Acad. New Field
Palm House
Herbarium
Museum
Eildon Terr.
Eildon St.
Royal Botanic Garden
.108
Inverleith Ho.
FETTES
INVERLEITH PLACE
Inverl. Gro.
Inverleith Park
Arboretum Place
Howard Pl.
Warriston Cr.
Warriston Road
Logie Green Road
Logie Mill
Beaverhall Road
Broughton
L. G. Gdns.
L. G. Loan
Beaverbank Pl.
Dune
BRO
Inverleith Terr.
Inverleith Terr. La.
Summer Pl.
Tanfield
St. Colm's Coll.
Scottish Life
Ward Pl.
Howard St.
Cath. Pl.
Boat Green
HUNTLY ST.
CANON-MILLS
Heriot Hill Terr.
Claremont Gro.
Claremont Bk.
Canonmills
Rocheid Path
Glenogle Terr.
Glenogle Ho. Pl.
H. Mil. Pl.
Reid Terr.
Rint. Pl.
Colv. Pl.
Balm. Pl.
Dun. Pl.
Teviot Pl.
Avo. Pl.
Kemp Pl.
Bell Pl.
Ett. Pl.
Glenogle Road
Gab. Rd.
Philatelic Bureau
Brandon Terr.
Canon Lane
Eyre Cr.
EYRE PLACE
Canon St.
RODNEY ST.
Bellevue Terr.
Canonmills
Cornw. Pl.
Inverleith Pond
Edinburgh Road
Grange Cricket
AVENUE
Comely
Broughton
Road
19
20
24
L
25
M

M
26
N
27
20
77
19
76
18
75
WESTERN HARBOUR
PORT OF LEITH
IMPERIAL DOCK
VICTORIA DOCK
PRINCE OF WALES DOCK
ALBERT DOCK
Chancelot Mills
NEWHAVEN PLACE
ANNFIELD
Annfield St.
North Leith Sands
LINDSAY RD
Grampian Ho.
Hawthornvale
NEWHAVEN ROAD
Dudley Cr.
Dudley Gdns.
Trinity
Victoria Park
Trinity Academy / Telford Coll. Annexe
11
FERRY ROAD
LEITH
North Leith
Town Hall
Keddie Gardens
COMMERCIAL STREET
N. JUNCTION ST.
Citadel Ct.
Custom House
Sailors' Home
Dock Offices
Constitution Pl.
Tower St.
BERNARD ST
BALTIC ST.
Sheriff Park
Leith Hosp.
GREAT JUNCTION STREET
CONSTITUTION ST.
Links Place
Kirkgate Ho.
New Kirkgate
Leith Waterworld
Shop. Cen.
DUKE ST.
Bonnington Annexe
Bonnington
BONNINGTON ROAD
Pilrig Ho.
Pilrig Park
Springfield
Rosebank Cemetery
PILRIG STREET
Pilrig
St. Mark's Park
Water of Leith
Powderhall Stadium
Broughton
Claremont Ct.
McDONALD ROAD
E. CLAREMONT ST.
ANNANDALE
LEITH WALK
EASTER ROAD
Lorne
Dalmeny Street
Albert Street
Eastern Cemetery
South Leith
Quarryhole Park
Leith Academy
LOCHEND
Easter Rd. Pk. (Hibernian F.C.)
Albion
Hawkhill
Allanfield
20

Map: Seafield / Edinburgh Dock area

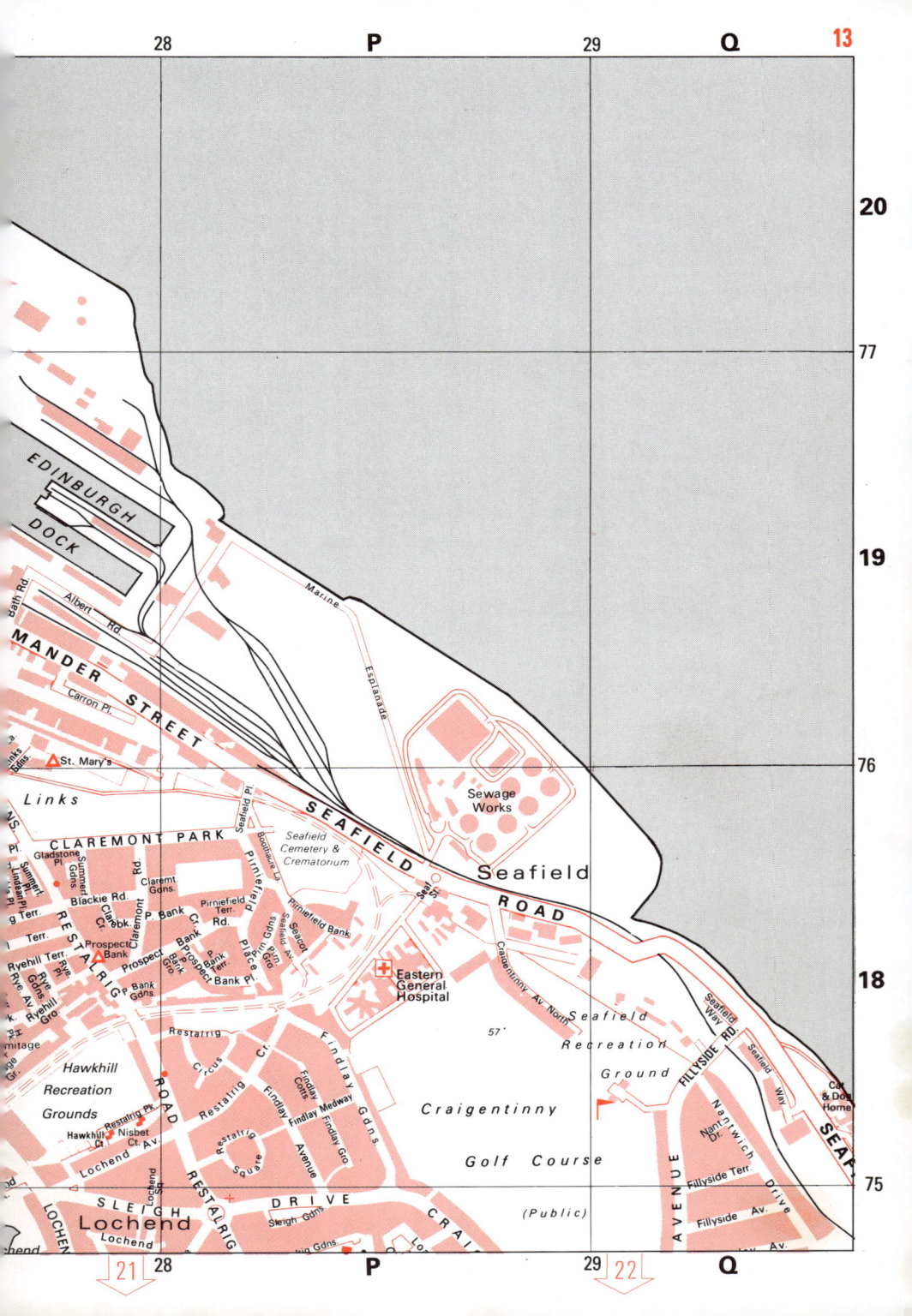

Grid references: 28, P, 29, Q, **13** (top); 20, 77, 19, 76, 18, 75 (right); 21, 28, P, 22, 29, Q (bottom)

EDINBURGH DOCK

MANDER STREET

Bath Rd.
Albert Rd.
Carron Pl.
St. Mary's
Links
Gladstone Pl.
Sunnyside Gdns.
Lindsay Pl.
Blackie Rd.
Claremont Cr.
Clarebk. Terr.
Ryehill Terr.
Rye Terr.
Ryehill Gro.
Ryehill Av.
Prospect Bank
Prospect Bank Gdns.

CLAREMONT PARK
Claremt. Gdns.
Claremont Rd.
P. Bank Ct.
P. Bank Cr.
Prospect Bank Terr.
P. Bank Pl.
P. Bank Gro.

Seafield Pl.
Pirniefield Place
Pirniefield Gdns.
Pirniefield Bank
Pirniefield Terr.
Boothacre La.
Seafield Pl.
Pirn Gdns.
Seacot
Seafield St.

Seafield Cemetery & Crematorium

Marine Esplanade

Sewage Works

Seafield

SEAFIELD ROAD

Eastern General Hospital

Restalrig Circus
Restalrig Ct.
Findlay Cotts.
Findlay Gdns.
Findlay Medway
Findlay Avenue
Findlay Gro.

RESTALRIG ROAD

Hawkhill Recreation Grounds
Hawkhill Ct.
Restalrig Pk.
Nisbet Ct. Av.
Restalrig Square

Craigentinny Av. North

Seafield Recreation Ground

57

Craigentinny Golf Course
(Public)

Seafield Way
FILLYSIDE RD.
Nantwich Dr.
Seafield Way
Cat & Dog Home

Fillyside Terr.
Fillyside Av.

AVENUE
Fillyside Av.

SEAF

Lochend
Sleigh Gdns.
SLEIGH DRIVE
CRAI
Lochend
LOCHEND

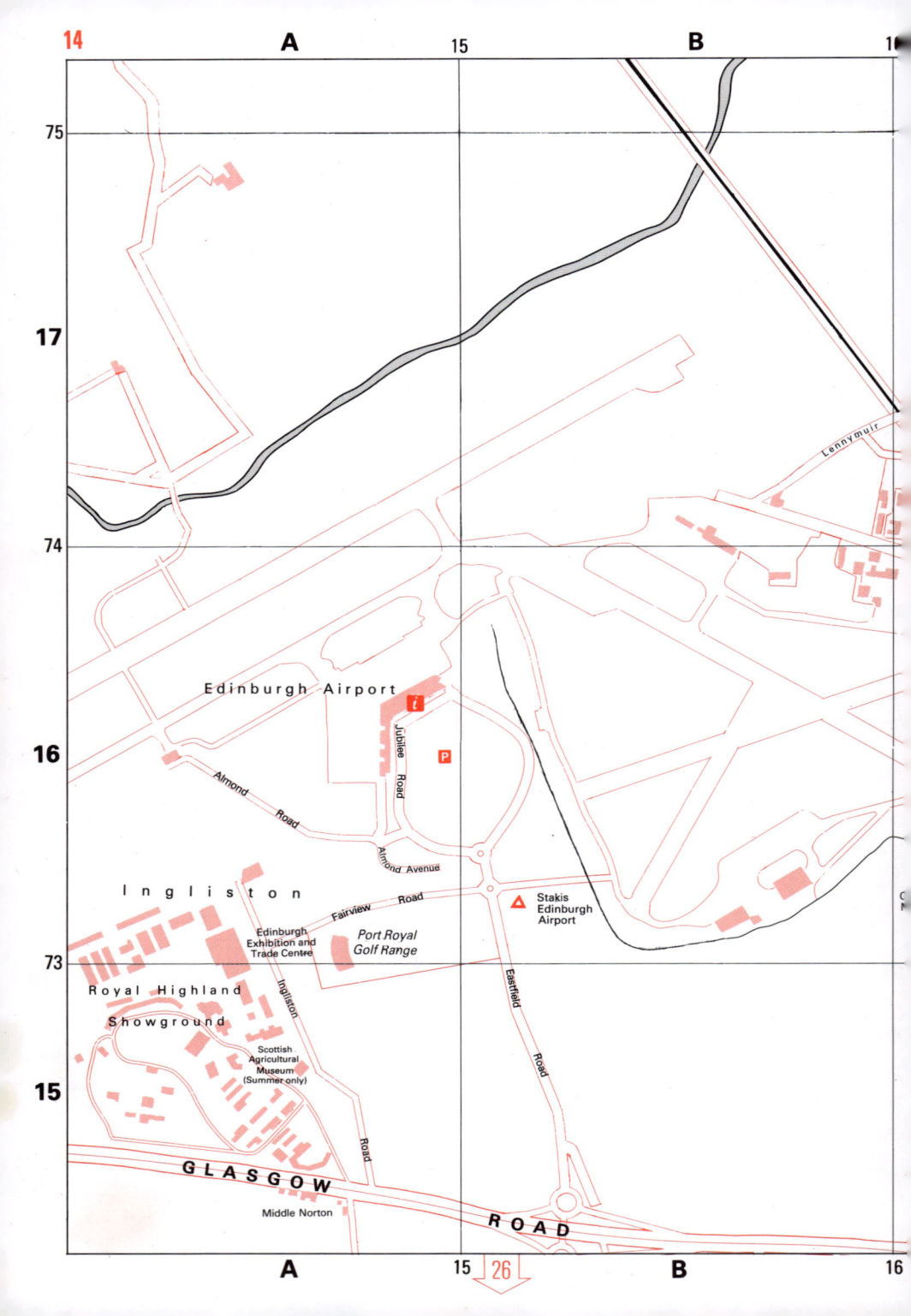

Edinburgh Airport

- Jubilee Road
- Almond Road
- Almond Avenue
- Fairview Road
- Stakis Edinburgh Airport
- Ingliston
- Edinburgh Exhibition and Trade Centre
- Port Royal Golf Range
- Royal Highland Showground
- Scottish Agricultural Museum (Summer only)
- Ingliston Road
- Eastfield Road
- Lennymuir
- GLASGOW ROAD
- Middle Norton

C 17 D 18 15

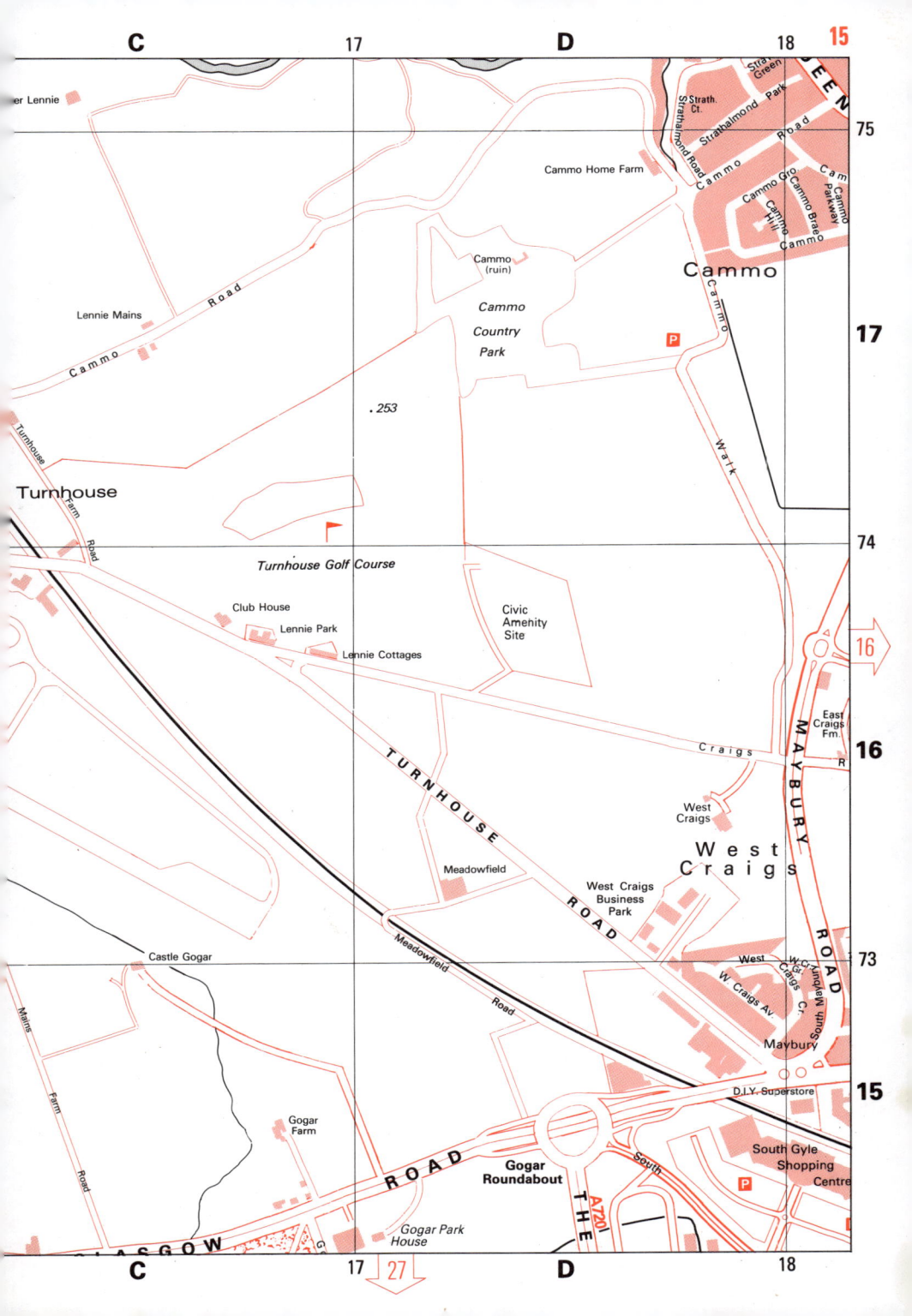

75

Strath. Green
Strath. Ct.
Strathalmond Park
Strathalmond Road
QUEEN
Cammo Home Farm
Cammo Road
Cammo Gro
Cammo Parkway
Cammo Brae
Cammo Hill
Cammo

Cammo (ruin)

Lennie Mains
Cammo Road
Cammo Country Park
P

17

Turnhouse
Turnhouse Farm Road
. 253
Cammo Walk

74

Turnhouse Golf Course
Club House
Lennie Park
Lennie Cottages
Civic Amenity Site

East Craigs Fm.
R
16
Craigs
MAYBURY

West Craigs
West Craigs
TURNHOUSE ROAD
Meadowfield
West Craigs Business Park
West Craigs Av
W. Craigs Cr.
Kingsknowe
MAYBURY ROAD
Maybury
73

Castle Gogar
Meadowfield Road

D.I.Y. Superstore
15

Mains Farm Road
Gogar Farm
GLASGOW ROAD
Gogar Roundabout
Gogar Park House
South Gyle Shopping Centre
A720
THE
South
P

C 17 27 D 18

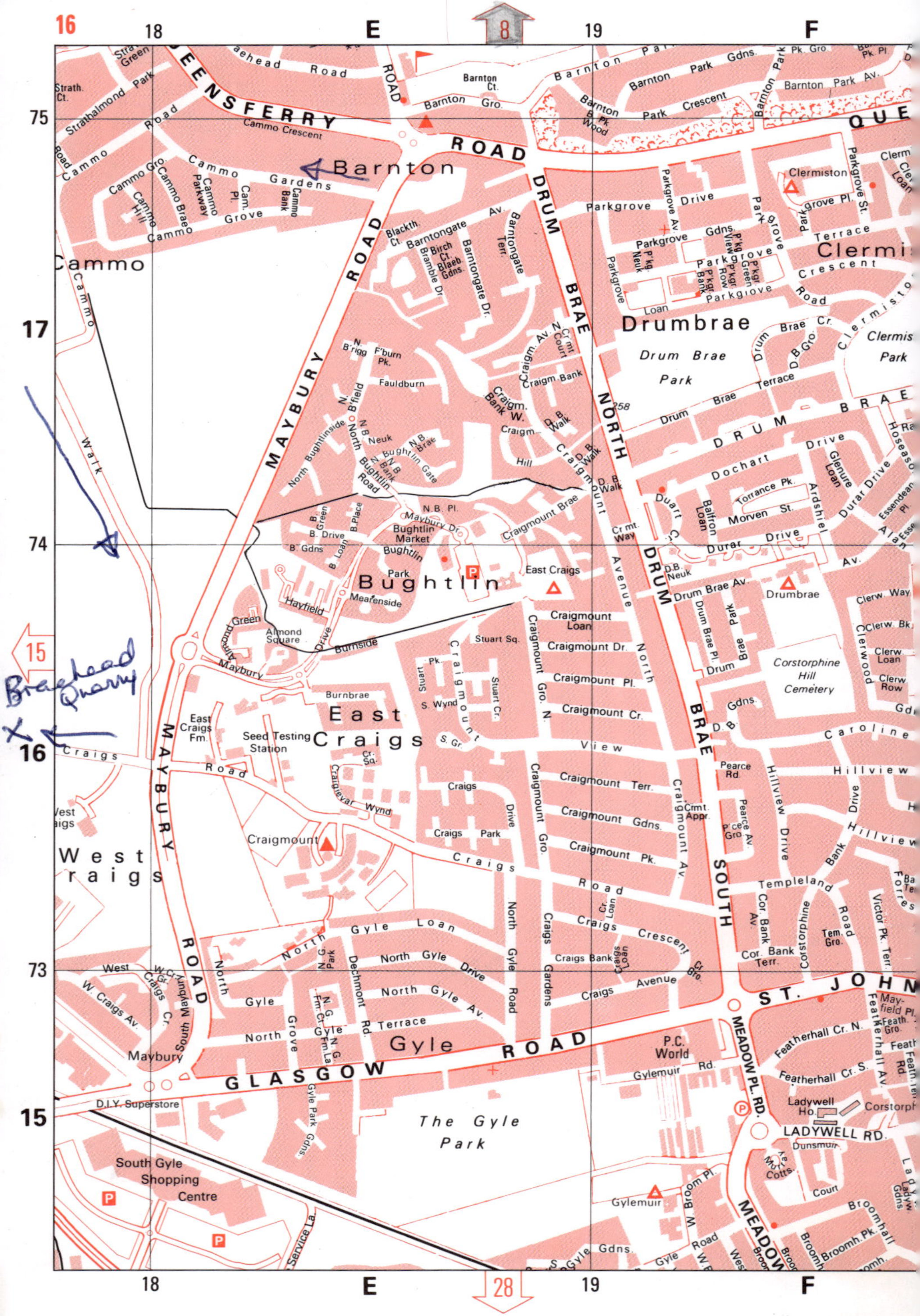
8
15
28
18
E
19
F
75
17
74
16
73
15
Queensferry Road
Barnton
Cammo
Cammo Crescent
Cammo Gardens
Cammo Gro.
Cammo Braes
Cammo Parkway
Cammo Hill
Cammo Grove
Cammo Bank
Cammo Walk
Strathalmond Park
Strathalmond Road
Strathalmond Green
Strath. Ct.
Braehead Road
Barnton Ct.
Barnton Gro.
Barnton Park
Barnton Park Gdns.
Barnton Park Crescent
Barnton Park Av.
Barnton Park Wood
Pk. Gro.
Pk. Pl.
Maybury Road
Drum Brae North
Drum Brae South
Drum Brae Park
Drum Brae Terrace
Drum Brae Cr.
D.B. Gro.
Drumbrae
Drum Brae Av.
Drum Brae Pl.
Drum Brae Gdns.
D.B. Neuk
Clermiston
Clermiston Park
Clermiston Road
Parkgrove Drive
Parkgrove Av.
Parkgrove Gdns.
Parkgrove Terrace
Parkgrove Pl.
Parkgrove St.
Parkgrove Crescent
Parkgrove Loan
Parkgrove Row
Parkgrove Green
Parkgrove Bank
Parkgrove View
P'kg. Neuk
Barntongate Av.
Barntongate Dr.
Barntongate Terr.
Blackth. Ct.
Birch Ct.
Blaeb. Gdns.
Bramble Dr.
Drumbrae
Fauldburn
F'burn Pk.
N. B'rigg
N. B'field
North Bughtlinside
N.B. Neuk
N.B. Brae
North Bughtlin Bank
North Bughtlin Road
N. Bughtlin Gate
N.B. Pl.
B. Green
B. Drive
B. Gdns.
B. Loan
B. Place
Bughtlin Market
Bughtlin Park
Bughtlin
Maybury Dr.
Hayfield
Mearenside
Almond Green
Almond Square
Burnside Drive
Craigmount Av. N.
Craigmount Court
Craigmount Bank
Craigmount Bank W.
Craigmount Hill
D.B. Walk
Craigmount Brae
Craigmount Way
Craigmount Avenue North
East Craigs
Craigmount Loan
Craigmount Dr.
Craigmount Pl.
Craigmount Cr.
Craigmount Gro. N.
Craigmount View
Craigmount Terr.
Craigmount Gdns.
Craigmount Pk.
Craigmount Gro.
Craigmount Av.
Crmt. Appr.
Stuart Sq.
Stuart Pk.
Stuart Cr.
Stuart Wynd
S. Gr.
Burnbrae
East Craigs
East Craigs Fm.
Seed Testing Station
Craigs Road
Cr. Sq.
Craigievar Wynd
Craigs Drive
Craigs Park
Craigmount
West Craigs
North Gyle Loan
North Gyle Drive
North Gyle Av.
North Gyle Road
North Gyle Terrace
North Gyle Grove
N.G. Park
N.G. Fm. Ct.
N.G. Fm. La.
Dechmont Rd.
Craigs Crescent
Craigs Loan
Craigs Bank
Craigs Gardens
Craigs Avenue
Cr. Gro.
W. Craigs Av.
W. Cr. Gr.
Craigs Cr.
South Maybury
Maybury
Glasgow Road
Gyle
D.I.Y. Superstore
South Gyle Shopping Centre
Gyle Park Gdns.
Service La.
The Gyle Park
P.C. World
Gylemuir Rd.
Gylemuir
W. Broom Pl.
Gyle Road
S. Gyle Gdns.
Meadow Pl. Rd.
St. John's Road
Dochart Drive
Torrance Pk.
Morven St.
Ardshiel Av.
Balfron Loan
Duart Cr.
Durar Drive
Glenure Loan
Essendean
Hoseason
Corstorphine Hill Cemetery
Clerw. Way
Clerw. Bk.
Clerwood
Clerw. Loan
Clerw. Row
Caroline
Hillview
Hillview Drive
Pearce Rd.
Pearce Av.
P'ce Gro.
Templeland
Templeland Road
Tem. Gro.
Cor. Bank Av.
Cor. Bank Terr.
Corstorphine Bank Drive
Victor Pk. Terr.
Forres
Mayfield Pl.
Featherhall Cr. N.
Featherhall Cr. S.
Featherhall Av.
Feath. Gro.
Feath. Rd.
Ladywell Ho.
Ladywell Rd.
Ladywell Gdns.
Dunsmuir Court
Cotts.
Broomhall
Broomh. Pk.
Meadow
Braehead Quarry

20
G
9
21
H
ROAD
HILLHOUSE ROAD
ERRY
CLERMISTON ROAD NORTH
Barnton Quarry
Hillpark Ct.
Hillpark Cr.
Hillp'k Gdns.
Avenue
Hill. Dr.
Hillpark
CRAIGCROOK ROAD
Marchfield Pk.
Marchf. Gro.
Marchf. Terr.
House o'Hill Cr.
House o'Hill Av.
Ho'Hill Green
Ho'Hill Row
House o'Hill Gdns.
Drylaw Gdns.
Drylaw
Drylaw Green
Hillpark Way
Hillpark Loan
March Pines
March Gro.
March Road
Hillpark Rd.
Hillp'k Gro.
Hillpark Terr.
Whitehall Ct.
216
Strachan Road
Columba Rd.
Col. Av.
Carfrae
Carfrae Gdns.
Carfrae Gro.
Carfrae Road
BLACKHALL
Craigcrook Rd.
Craigcr. Sq.
Craigcr. Park Avenue
Strachan Gdns.
Loch Rd.
Cr. Gro.
Craigcr. Pk.
Gardiner Gro.
Gardiner Terr.
Gardiner Rd.
Jeffrey Av.
Hillpark Green
Hillpark Brae
Clermiston Park
Clermiston Hill
Clermiston Place
Clerm. Medway
Clerm. View
Grove
Crescent
Fox Covert Av.
Oak Gro.
Rann Gro.
Road
Falkland Gdns.
375
CORSTORPHINE HILL
CRAIGCROOK
Craigcrook Castle
Blackhall
Cottage Pk.
Ravelston Park
RAVELSTON DYKES
Ravelston Golf Course
531
Fox Covert
Clerwood
Clerwood Terr.
Clerw. View
Clerw. Pl.
Clerw. Gro.
Clermiston Tower
529
Clerwood Pk.
Murrayfield Golf Course
Ravelston Dykes La.
Mary
ROA
18
Hillwood
CLERMISTON ROAD
Park
Cairnmuir Rd.
510
Easter Belmont
Belmont
Caroline Gdns.
Corstorphine Hill Cr.
Cor. Hill Rd.
Cor. Hill Av.
Cor. Hill Gdns.
Carol. Pl.
Kaimes Road
Scottish Zoological Park (Edinburgh Zoo)
Old Kirk Rd.
Belmont Av.
Belmont Cr.
Belmt. Terr.
Beechwood Mains
Murrayfield Hospital
Clerm. Terr.
Gordon Road
Belgrave Gdns.
Gordon Loan
Belgrave Rd.
Beechmount Cres.
CORSTORPHINE ROAD
Saughton Cr.
Saughton Gro.
Saughton Gdns.
Saughton Loan
Saughton Pk.
Beech. Pk.
South Beechwood Av.
Saughtonhall
BALGREEN ROAD
P
Corstorphine Hospital
Glebe Rd.
Glebe Gro.
Glebe Gdns.
Glebe Terr.
Kirk Loan
Cor. Ho. Av.
Cor. Ho. Terr.
Station Road
St. J's Terr.
St. J's Av.
St. J's Gdns.
St. J's Cr.
Downie Terr.
Downie Gro.
St. Cath. Gdns.
Balgreen Av.
Balgreen Pk.
Balgreen Gdns.
Glendevon Pl.
Glendevon Pk.
Glendevon Terr.
Glendevon Rd.
Glen Gdns.
Glen Gro.
Glen Pk.
The Paddockholm
Forestry Com. H.Q.
Pinkhill
Aviation House
HIGH ST.
Orchard field Av.
Hall Terr.
Corstorphine Pk. Gdns.
Traquair Park West
Traquair Park East
Meadowhouse Road
C. Knowe Av.
Carrick Knowe
Carrick Knowe Golf Course
Tyler's Acre Rd.
Tyler's Acre Av.
Lampacre Rd.
Carrick Knowe
Castle Av.
SAUGHTON
Drive
75
74
73
16
15
17
20
G
29
21
H

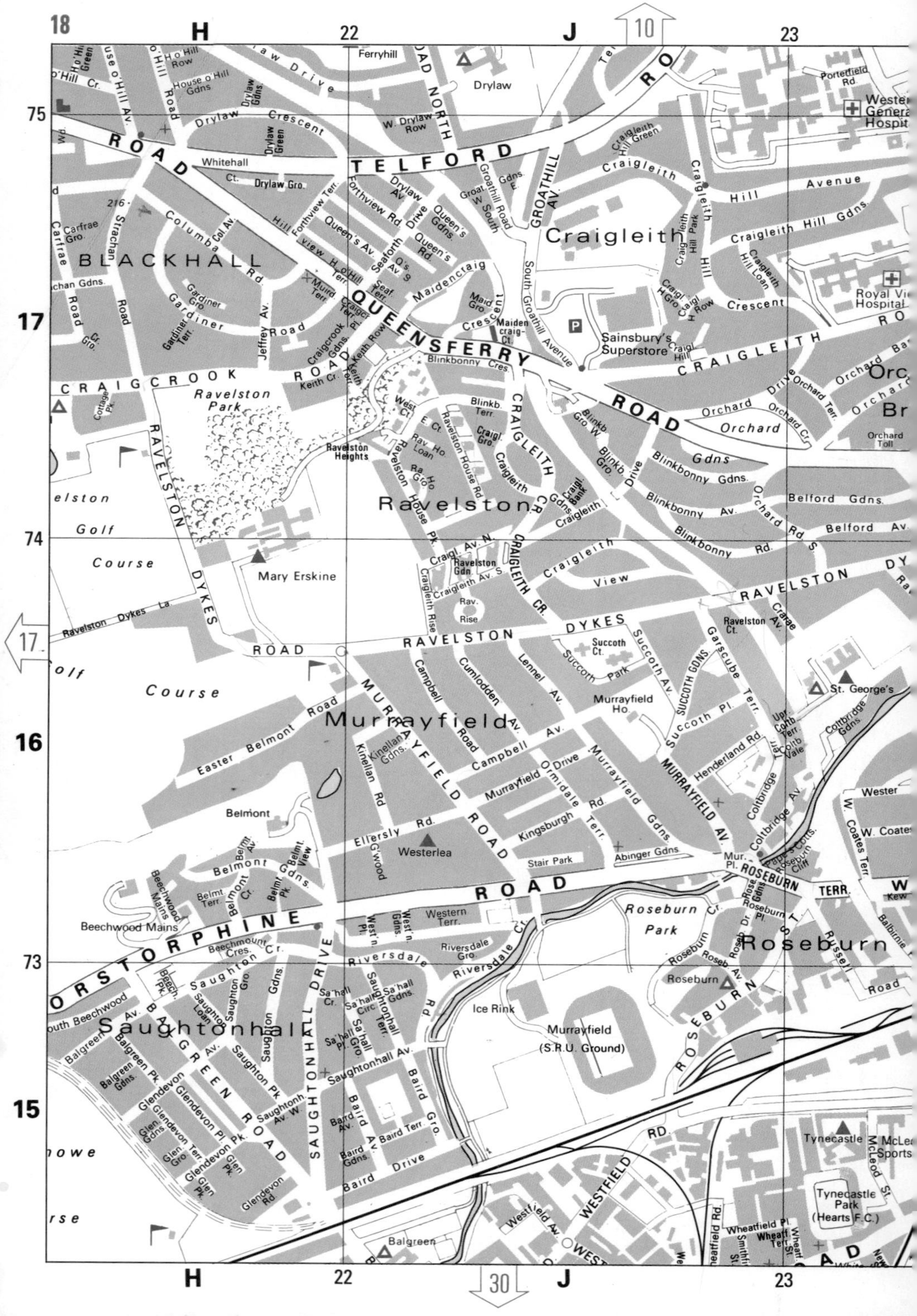
H
22
J
23
10
17
30
75
17
74
16
73
15
Ferryhill
Drylaw
Drylaw Drive
Drylaw Crescent
W. Drylaw Row
Drylaw Green
Drylaw Gdns.
Drylaw Gro.
House o'Hill Gdns.
Ho'Hill Row
Ho'Hill Green
o'Hill Cr.
House o'Hill Av.
House o'Hill Road
Hillview
Whitehall Ct.
TELFORD ROAD
ROAD
Groathill Road South
Groathill Gdns. E.
Groat. W
GROATHILL AV.
South Groathill Avenue
Craigleith
Craigleith Hill Green
Craigleith Hill Avenue
Craigleith Hill Gdns.
Craigleith Hill Park
Craigleith Hill Crescent
Craigleith Hill Loan
Craigleith Hill Row
Craigl. H Gro.
Craigl. Hill
Sainsbury's Superstore
P
Western General Hospital
Portgower Rd.
Royal Victoria Hospital
CRAIGLEITH ROAD
Orchard Brae
Orchard Drive
Orchard Terr.
Orchard
Orchard Gdns
Orchard Cr.
Orchard Rd. S.
Orchard Toll
Belford Gdns.
Belford Av.
Blinkbonny Gdns.
Blinkbonny Av.
Blinkbonny Rd.
Blinkbonny Cres.
Blinkb. Terr.
Blinkb. Gro.
Blinkb. Gro. W.
Drive
BLACKHALL
216
Strachan Road
Carfrae Road
Carfrae Gro.
Strachan Gdns.
Columba Rd.
Col. Av.
Gardiner Gro.
Gardiner Terr.
Gardiner Road
Jeffrey Av.
Cr. Gro.
Forthview Terr.
Forthview Rd.
Queen's Av.
Queen's Gdns.
Queen's Rd.
Q's Av.
Seaforth Drive
Seaf. Terr.
Hillview Terr.
Muirdale Terr.
Craigcrook Pl.
Drylaw Av.
Maidencraig Crescent
Maid. Gro.
Maidencraig Ct.
QUEENSFERRY ROAD
Keith Row
Keith Cr.
Craigcrook Gdns.
Craigcrook Road
CRAIGCROOK ROAD
Cottage Pk.
Ravelston Park
Ravelston Heights
West Ct.
E. Ct.
Rav. Ho. Loan
Ra. Ho. Gro.
Ravelston House Rd
Ravelston House Pk.
Ravelston
Craigl. Gro.
Craigleith Cr.
CRAIGLEITH CR.
Craigl. Bank
Craigleith Gdns.
Craigleith View
Craigl. Av. N.
Ravelston Gdn.
Craigleith Av. S.
Craigleith Rise
Rav. Rise
Ravelston Golf Course
Mary Erskine
Ravelston Dykes La.
RAVELSTON DYKES
RAVELSTON DYKES ROAD
Ravelston Ct.
Ravelston Av.
Succoth Ct.
Succoth Park
Succoth Av.
SUCCOTH GDNS.
Succoth Pl.
Garscube Terr.
Murrayfield Ho.
Campbell Road
Campbell Av.
Cumlodden Av.
Lennel Av.
Murrayfield
Golf Course
Easter Belmont Road
MURRAYFIELD ROAD
Kinellan Gdns.
Kinellan Rd
Murrayfield Drive
Ormidale Terr.
Murrayfield Gdns.
MURRAYFIELD AV.
Henderland Rd.
Coltbridge Terr.
Coltbridge Av.
Coltbridge Vale
Coltbridge Gdns.
Upr. Coltb. Terr.
St. George's
Belmont
Ellersly Rd.
G'wood
Westerlea
Kingsburgh Rd.
Stair Park
Abinger Gdns.
Mur. Pl.
ROSEBURN TERR.
Page's Cotts.
Roseburn Cliff
Wester Coates
W. Coates
W. Coates Terr.
Kew
Balbirnie Pl.
Belmont Av.
Belmont View
Belmont Gdns.
Belmt. Terr.
Belmont Cr.
Belmt. Pk.
Beechwood Mains
CORSTORPHINE ROAD
Western Terr.
West'n Pl.
West'n Gdns.
Riversdale Gro.
Riversdale Cr.
Riversdale Rd.
Roseburn Park
Roseburn Cr.
Roseburn Pl.
Rose. Gdns.
Roseb. Dr.
Roseb. Av.
Roseburn St.
Roseburn
Russell Road
Beechmount Cres.
Saughton Cr.
Beech. Pk.
Saughton Gro.
Saughton Loan
Saughton Gdns.
SAUGHTONHALL DRIVE
Sa'hall Cr.
Sa'hall Circ.
Sa'hall Gdns.
Saughtonhall Terr.
Sa'hall Pl.
Sa'hall Gro.
Saughtonhall Av.
Saughtonhall
South Beechwood
BALGREEN ROAD
Balgreen Av.
Balgreen Pk.
Balgreen Gdns.
Glendevon Av.
Glendevon Pk.
Glendevon Pl.
Glen. Gdns.
Glen. Gro.
Glendevon Terr.
Glen Pk.
Glendevon Rd.
Saughton Pk.
Saughtonh. Av. W.
Baird Av.
Baird Gro.
Baird Terr.
Baird Gdns.
Baird Drive
Ice Rink
Murrayfield (S.R.U. Ground)
ROSEBURN ST.
WESTFIELD RD.
Westfield Av.
Wheatfield Rd.
Wheatfield Pl.
Wheatf. Terr.
Wheatf. St.
Smithfield St.
Tynecastle
Tynecastle Park (Hearts F.C.)
McLeod St.
McLeod Sports
Balgreen
Corstorphine

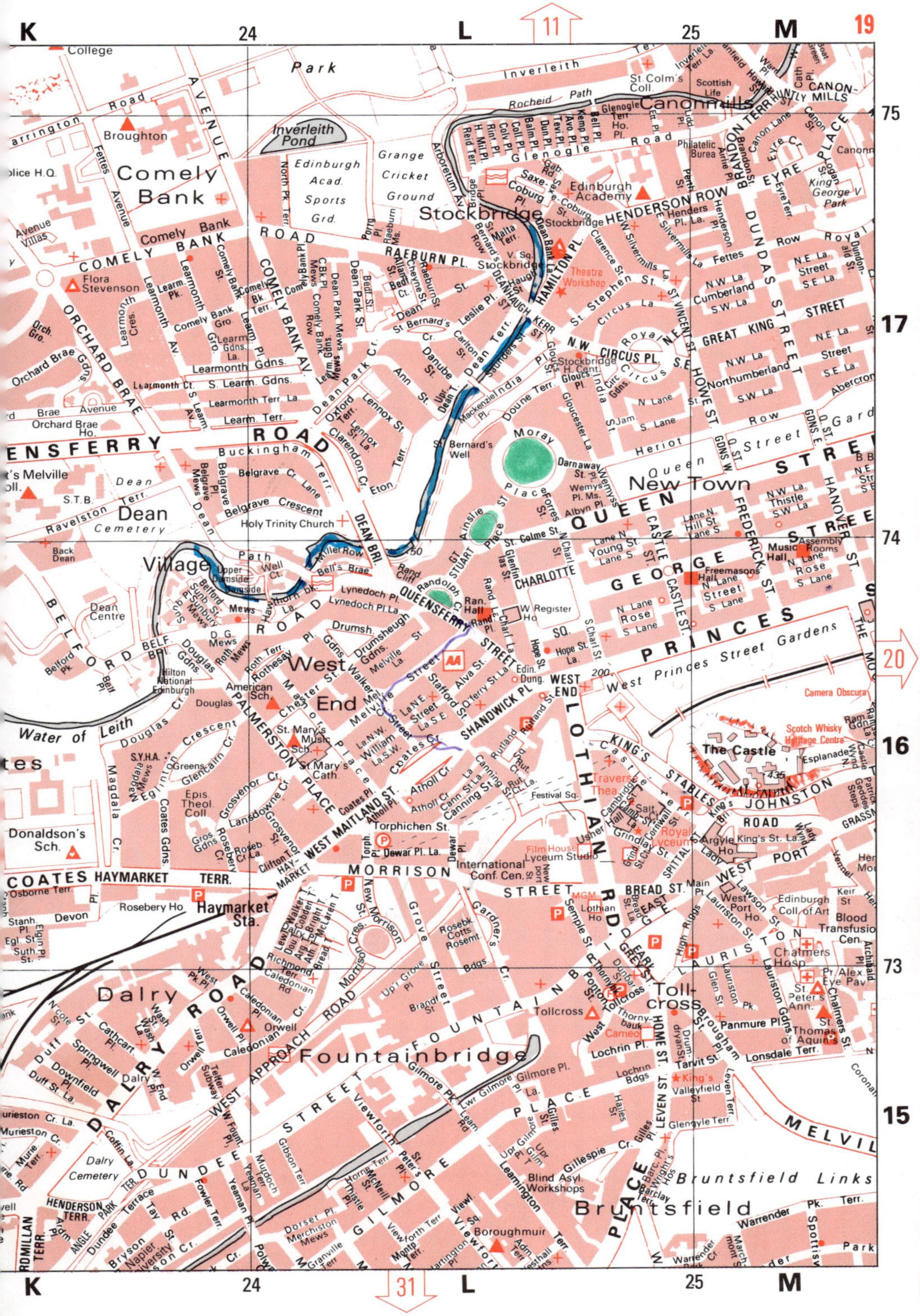
K
24
L
11
25
M
75
17
74
20
16
73
15
31
College
Park
Inverleith
St. Colm's Coll.
Scottish Life
Rocheid Path
Canonmills
CANON-MILLS
Broughton
Inverleith Pond
Comely Bank
Edinburgh Acad. Sports Grd.
Grange Cricket Ground
Stockbridge
Edinburgh Academy
HENDERSON ROW
DUNDAS STREET
Philatelic Bureau
King George V Park
Police H.Q.
Avenue Villas
COMELY BANK
Flora Stevenson
ORCHARD BRAE
Learmonth Gdns.
Learmonth Terr.
RAEBURN PL.
DEAN PARK ST.
Theatre Workshop
HAMILTON PL.
St. Stephen St.
N.W. CIRCUS PL.
GREAT KING STREET
Northumberland
Heriot Row
Queen Street
New Town
QUEENSFERRY ROAD
Buckingham Terr.
Belgrave Crescent
Holy Trinity Church
Dean Cemetery
Ravelston Terr.
Dean
Village
DEAN BRI.
Moray Place
Ainslie Place
St. Bernard's Well
QUEEN STREET
GEORGE STREET
CHARLOTTE SQ.
FREDERICK ST.
HANOVER ST.
Assembly Rooms
Music Hall
Freemasons Hall
PRINCES STREET
West Princes Street Gardens
Camera Obscura
Scotch Whisky Heritage Centre
The Castle
Esplanade
JOHNSTON TERR.
BELFORD ROAD
Dean Centre
Hilton National Edinburgh
Water of Leith
Douglas Crescent
West End
American Sch.
PALMERSTON PLACE
St. Mary's Music Sch.
St. Mary's Cath.
SHANDWICK PL.
WEST END
LOTHIAN RD.
KING'S STABLES ROAD
Traverse Thea.
Royal Lyceum
Film House
Usher Hall
Festival Sq.
Epis. Theol. Coll.
Donaldson's Sch.
S.Y.H.A.
Coates Gdns.
WEST MAITLAND ST.
HAYMARKET TERR.
Haymarket Sta.
COATES
Rosebery Ho
MORRISON STREET
International Conf. Cen.
Torphichen St.
Dewar Pl. La.
Lyceum Studio
MGM
BREAD ST.
WEST PORT
Edinburgh Coll. of Art
Blood Transfusion Cen.
LAURISTON
Chalmers Hosp.
Pr. Alex Eye Pav.
St. Peter's Ann.
St. Thomas of Aquin's
Dalry
DALRY ROAD
Orwell
Fountainbridge
FOUNTAINBRIDGE
WEST APPROACH ROAD
Tollcross
Toll-cross
Cameo
King's
Lonsdale Terr.
Panmure Pl.
DUNDEE STREET
GILMORE PLACE
Dalry Cemetery
Blind Asyl. Workshops
Boroughmuir
Bruntsfield Links
Bruntsfield
MELVILLE
Warrender Pk. Terr.
HENDERSON TERR.

25
M
26
12
N
75
17
74
16
73
15
19
32
Canonmills
Scottish Life
Canonmills
Philatelic Bureau
BRANDON TERR.
EYRE PLACE
King George V Park
DUNDAS STREET
HENDERSON ROW
Fettes Row
Royal Cr.
Drummond Place
LONDON ST.
EAST LONDON ST.
Drummond
CLAREMONT
BELLEVUE
BROUGHTON ST.
ANNANDALE ST.
Hopetoun St.
Hopetoun Cr.
LEITH WALK
Leith Walk
Brunswick
Montgomery
Hillside
Albert St.
Allanfield
G.P.O. Sorting Office
Elgin St. S.
LONDON ROAD
Royal Terrace Gardens
Royal Terrace
Carlton
Greenside
CALTON HILL
Regent Gardens
Calton
City Observatory
National Mon.
Nelson's Mon.
St. Andrew's Ho.
Edinburgh District Council
REGENT ROAD
Calton New Burial Ground
Nether Craigwell
Calton Road
ABBEYHILL
Abbey Strand
Queensberry Ho. Hosp.
CANONGATE
Canongate
Royal Mile
Canongate Tolbooth and People's Story
Huntly Ho. Mus.
Moray Ho. Inst. of Ed.
Chessels Ct.
Lochview Ct.
Holyrood Ct.
HOLYROOD ROAD
St. John's Mill
Edin. Univ.
Pleasance Theatre
Pleasance Sports Cen.
PLEASANCE
Dumbiedykes
Dumbiedykes Rd.
Viewcraig Gdns.
400
Cat's Nick
Salisbury
Lothian Health Board
Carnegie Ct.
GREAT KING STREET
Cumberland
Northumberland
Abercromby Pl.
HOWE ST.
Queen Street Gardens
New Town
YORK PL.
ST. ANDREW SQ.
Bus Sta.
St. James Centre
New St. Andrews Ho.
Royal Bank of Scotland
Register Ho.
WATERLOO PL.
Calton Road
GPO
Scot. Natl. Portrait Gall. Mus. of Antiquities
B.B.C.
HANOVER ST.
FREDERICK ST.
GEORGE STREET
Assembly Rooms
Music Hall
Freemasons Hall
Rose Street
CASTLE ST.
PRINCES STREET
Princes Street Gardens
Scott Mon.
Royal Scott. Academy
Natl. Gallery
THE MOUND
WAVERLEY BRIDGE
Waverley Market
Waverley Sta.
NORTH BRIDGE
Tattoo Office
Cockburn St.
City Chambers
Market St.
Jeffrey St.
J. Knox Ho.
Netherbow
Camera Obscura
Scotch Whisky Heritage Centre
The Castle
Esplanade
Castlehill
New Coll. Assem. Hall
Free Ch. Coll.
St. Giles' Cath.
Parlt. Ho.
Sheriff Ct.
County Hall
Natl. Library
HIGH ST.
Festival Fringe Office
SOUTH BRIDGE
COWGATE
Central Library
GEORGE IV BRIDGE
Victoria St.
GRASSMARKET
JOHNSTON TERR.
KING'S STABLES ROAD
Royal Lyceum
WEST PORT
CANDLEMAKER ROW
Greyfriars Kirk
Law Cts.
Dental Hosp.
CHAMBERS ST.
Royal Mus. of Scot.
Edin. Univ.
New Mus. of Scot.
Adam Ho.
Festival
Surgeons' Hall
NICOLSON ST.
Nicolson Sq.
Heriot-Watt Univ. Mountbatten Bdg.
George Heriot's
Forrest Hill
FORREST RD.
BRISTO PL.
Bristo Sq.
McEwan Hall
Medical Sch.
TEVIOT PL.
LAURISTON PLACE
Edinburgh Coll. of Art
Blood Transfusion Cen.
Chalmers Hosp.
Royal Infirmary
Simpson Meml. Maternity Pavilion
St. Peter's Ann.
St. Thomas of Aquin's
Eye Pav.
Tollcross
Panmure Pl.
Lonsdale Terr.
George Sq.
Appleton Tower
David Hume Tower
Univ. Library
Univ. Thea.
Buccleuch Pl.
BUCCLEUCH ST.
Crosscauseway
CLERK ST.
Odeon
St. Leonards
ST. LEONARD'S ST.
Rankeillor St.
Montague St.
Queen's Hall
HOPE PARK TERR.
Royal (Dick) Vet. Coll.
Summerhall Sq.
Bernard Terr.
LUTTON PL.
Preston Street
Scottish Widows H.Q.
E. PRESTON ST.
W. PRESTON ST.
HOLYROOD PARK
Meadow Walk
Jawbone Walk
Middle Meadow Walk
Boys Brigade Walk
The Meadows
MELVILLE DRIVE
Townswomen's Guild Walk
Coronation Walk
North Meadow Walk
Bruntsfield Links
Bruntsfield
Warrender Pk. Terr.
MARCHMONT
Royal Hosp. for Sick Children
Sciennes
King's
Valleyfield St.
Glengyle Terr.
LEVEN ST.
HOME ST.
Lauriston Gdns.
Chalmers St.

Map of Edinburgh area showing Holyrood Park, Arthur's Seat, Duddingston Loch, Lochend, Restalrig, Craigentinny, Meadowbank, Abbeyhill, Piershill, Willowbrae, and Duddingston Village.

Key features labelled:
- Eastern Cemetery
- Easter Rd. Pk. (Hibernian F.C.)
- Lochend Loch
- Lochend Park
- Lochend Castle Barns
- Sleigh Drive, Lochend, Restalrig Drive
- Golf Course (Public)
- Meadowbank Sports Centre (Meadowbank Thistle F.C.)
- London Road
- Jock's Lodge
- Portobello
- Piershill Library
- Safeway Superstore
- The Royal High School
- St. Margaret's Loch
- St. Anthony's Chapel (ruin)
- Haggis Knowe
- Queen's Drive
- Hunter's Bog
- The Dasses
- HOLYROOD PARK
- Whinny Hill (584)
- Dunsapie Loch
- Dunsapie Hill
- Meadowfield Park
- Arthur's Seat (823)
- Gutted Haddie
- Crow Hill
- Nether Hill
- Lion's Haunch
- Samson's Ribs
- Windy Goule
- The Innocent
- Pollock Halls of Residence
- Old Church Lane
- Duddingston Road
- The Causeway
- Holy Rood
- Duddingston Village
- Duddingston Loch
- Nature Reserve

P
29
13
Q
30
75
17
74
16
73
15
21
34
R
Golf Course
(Public)
Craigentinny
CRAIGENTINNY ROAD
CRAIGENTINNY AVENUE
Nantwich Dr.
Fillyside Terr.
Fillyside Av.
Fillyside Drive
Stapeley Av.
SEAFIELD ROAD EAST
Promenade
Seafield Industrial Estate
WAKEFIELD AV.
Loaning Road
Craigentinny
Drive
Loganlea Terr.
Loganlea Road
Loganlea
Loganlea Loan
Loganlea Pl.
Loganlea Avenue
Restalrig
Restalrig Avenue
Britwell Cr.
CRAIGENTINNY CRES.
Craigentinny Cr.
Craig. Gro.
Craig. Pl.
Christiemiller Av.
Chr. Pl.
Chr. Gro.
Sydney Pl.
Sydney Terr.
Sydney Pk.
Vandeleur Pl.
Vandeleur Av.
Vand. Av.
Vand. Gro.
Kekewich Av.
Bryce Gro.
Bryce Av.
Goff Av.
Inchview Terr.
King's T.
King's Pl.
Prom. Terr.
King's Rd.
Hillcoat Ln.
Hillcoat Pl.
Gt. Cannon Bk.
Westbank Ln.
Westbank Pl.
Westbank St.
Electra Pl.
Sports Centre
Moira Terrace
PORTOBELLO ROAD
Moira Park
Parker Av.
Parker Rd.
Parker Terr.
Ramsay Annexe (Stevenson Coll.)
ALLOTS
Telferton
West Telferton
East Telferton
Farrer Terrace
Farr. Gro.
Fishwives Causeway
Baileyfield Road
Baileyfield Cres.
Fishwives Causeway
PORTOBELLO
Harbour Rd.
Bridge St.
Pipe St.
Figg St.
Adelphi Place
Adelphi Gro.
Municipal Bdgs.
Town Hall
Rosefield Av.
Rosef. St.
Rosefield Pl.
Rosefield Park
Rosef. La.
W. Brighton Crescent
BRIGHTON PL.
Brighton E. Park
Sandford
SIR HARRY LAUDER
Christian
Piershill
Piersfield Gro.
Piersfield Terr.
Piersfield Pl.
Abercorn Gdns.
Piershill Library
Piershill Cemetery
Safeway Superstore
Baronscourt Terr.
Willow Gdns.
WILLOWBRAE
Abercorn Av.
Crescent
The Royal High School
S. Elixa Pl.
NORTHFIELD BROADWAY
Northfield Rd.
Northfield Av.
Northfield
Mountcastle Green
South Mellis Pk
Mt. Pl.
Mountcastle
Mountcastle Crescent
Mountcastle Terrace
Mountcastle Gdns.
MOUNTCASTLE DRIVE NORTH
Mt. Gro.
N. Pk. Gro.
Northfield Pk.
Northfield Fm. Rd.
Farm Av.
N'field Circus
Highway
Crescent
East way
N'field Sq.
N'field Gdns.
Northfield Gro.
Northfield
Mountcastle Loan
Mt. Castle Bank
Drive
Figgate Burn
Figgate Pond
Figgate Burn Park
Ham. Pk.
Hamilton Drive
Hamilton Dr. W.
Hamilton Gdns.
Ham. Gro.
Hamilton Terr.
St. John's
Portobello
BAILEYFIELD RD.
SOUTHFIELD PL.
Station Brae
Stanley St.
Portobello Annexe
Paisley Drive
Paisley Avenue
Paisley Gro.
Paisley Cr.
Willowbrae
Parsons Green
Meadowfield Drive
Ulster Crescent
Ulster Gdns.
Ulst. Gro.
Ulster Terr.
Abercorn Ct.
Meadowf. Ct.
Meadowfield Av.
New Belfield
Lady Nairne Gro.
Lady Nairne Loan
Lady Nairne Cr.
Lady Gro.
Lady N. Pl.
Meadowfield
Meadowfield Terr.
Meadowf. Gdns.
Mead. Gdns.
DUDDINGSTON ROAD WEST
Woodlands Gro.
Duddingston
Dudd. Mills Cotts.
DUDDINGSTON ROAD
Duddingston Av.
S'field Fm. Gro.
Durham Terr.
Durham Gdns. N.
Durham Avenue
Durh. Gdns. N.
Durham Square
Durh. Pl. E.
Durh. Gro.
Durh. Gdns. S.
Durham Dr.
Durh. Pl. W.
MOUNTCASTLE
Dudd. Loan
Dudd. Sq. W.
Dudd. Gro. E.
Dudd. Sq. E.
Dudd. Gro. W.
S'field Gdns. W.
Southfield Gdns. E.
Southfield Rd. W.
Southfield Rd. E.
S'field Sq.
Southfield Loan
S'field Bk.
Southfield Terr.
Dudd. Gdns. S.
DUDDINGSTON PARK
Durham Road
Pl. La.
Park Avenue
Durh.
MILTON ROAD WEST
Duddingston Rise
Dudddingston View
Milton Gdns. N.
DRIVE
Milton Crescent
Milton Gdns. S.
Durham Road S.
SOUTH
DUDDINGSTON
Bailie Path
Bailie
Bingham Park
Lismore
Bingham Avenue
Bingham Crossway
Bing. Broadway
Bingham Crescent
Bingham Drive
Duddingston Row
Holy Rood
Cavalry Park Drive
Duddingston
Golf Course
Duddingston House
Ma

31 S 32 T

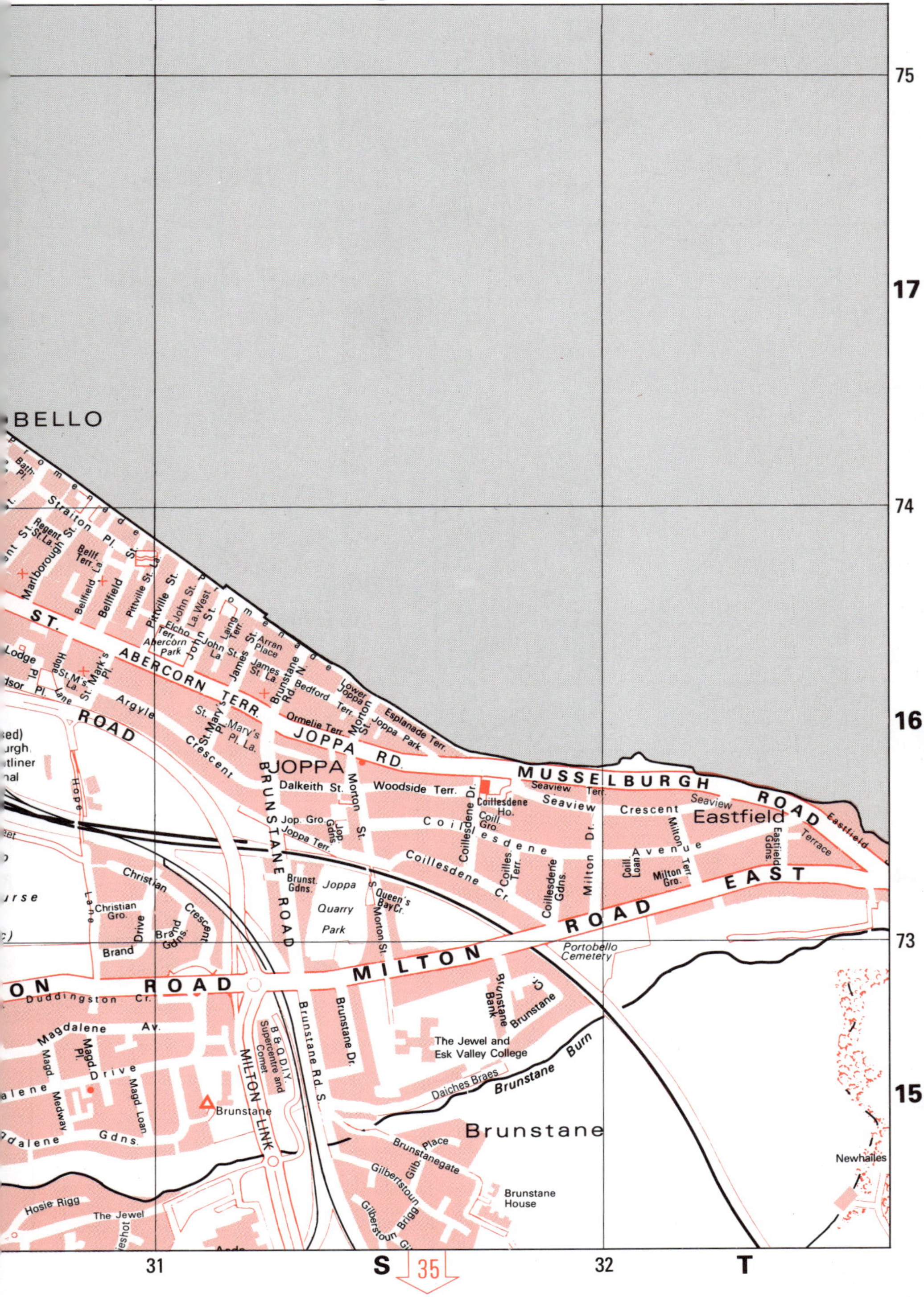

31 S 32 T

35

Map 24 – Musselburgh area

FIRTH OF FORTH

Eastfield — Seaview Crescent, Milton Avenue, Coill Loan, Milton Terr., Milton Gro., Eastfield Gdns., Eastfield Terrace, Eastfield Pl., LBURGH ROAD, EAST ROAD

FISHERROW HARBOUR — Promenade, Cairns Row, Beach La., New St., Bush St., Watts Wynd, Fishers Wynd

NEW FISHERROW — NORTH HIGH ST., Market Street, Campie Lane, Hercules, South Sq., West Holmes Gdns., Bell St., Belf. Ct.

EDINBURGH ROAD — Brunstane Mill, Newhailes, Maitland Pk., Mait. Av., Newhailes Crescent, Ma. St., Dalrymple Rd., Bog Pk. Rd., Newhailes Av., Harbour Rd.

Olive Bank Pk., Olive Bank Gdns., Campie Gdns., Campie Rd., △ Campie

OLIVEBANK ROAD — Musselburgh Rugby Grd., Eskview Cres., Eskview Av., Eskview Gr., Eskview Terr., Eskview Ter. Em. Rd., Campie Rd., Bell Rd., Riverside Gdns., Station Road

NEWHAILES ROAD A6095 — Claykn. Place, Claykn. Drive, Claykn. Way, Clayknowes Road, Stoneyhill Dr., Stoneyhill Terr., St. Wynd, Stoneyhill Ct., Stoneyhill Gr., Stoneyhill Pl., Stoneyhill Avenue, Stoneyhill Rd., Stoneyhill Ho., **Stoneyhill**, Stoneybk. Ct., Stoneybank Gdns., Stoneybk. Gdns., Stoneybank Dr.

Eskview — Inveresk, Ind. Est., Eskview Villas, Haugh Park

Wanton Walls — ROAD

HALL — Whitehill St., Klondyke St., Miners' Institute, + Newcraighall △, ondyke Way, Dr., Park View, Park Ter.

Newcraighall Park

WHITEHILL FARM RD., STONEYBANK TERR., MONKTONHALL TERR., Whitehill Gdns., Whitehill Avenue, Stoneybank Av., Stoneybank Rd., Stoneybank Pl., Mayfield Dr., Mayfield Av., Mayfield Cres., Mayfield Pl., Mu. Ct., Muckets Av., Mu. Gr., Mu. Av., Mu. Cr., St. Gr., Loretto Ct., Monkton Hall, **Stoneybank**, M'field Park, Monk Hall Pl., Fergu. Gdns., Ferg.

P Musselburgh

A1

← 35

i Old Craighall Services

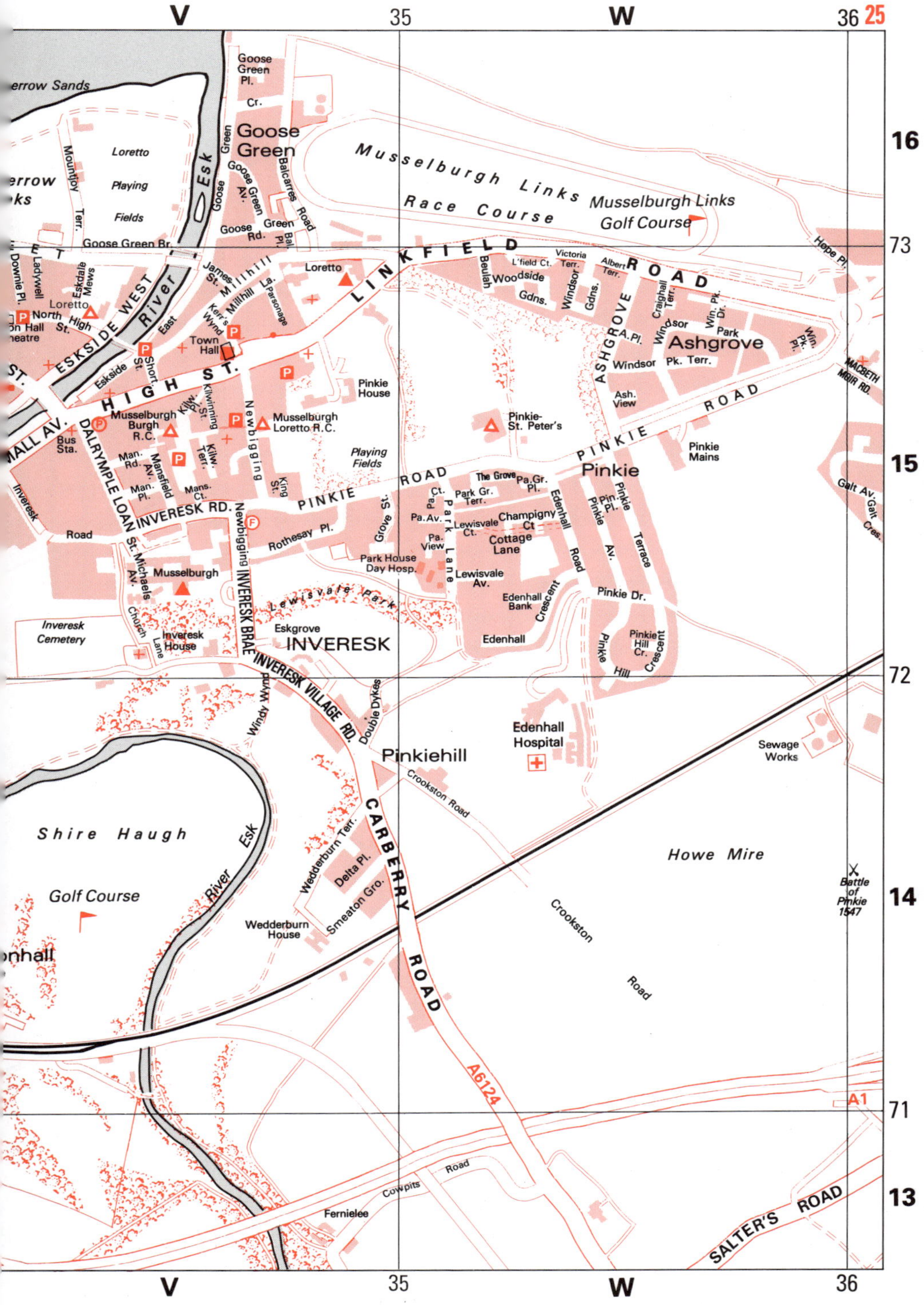

V
35
W
36
16
73
15
72
14
71
13
Goose Green Pl.
Cr.
Goose Green
Musselburgh Links
Race Course
Musselburgh Links Golf Course
Loretto Playing Fields
Mountjoy Terr.
Esk
Goose Green
Goose Green Av.
Balcarres Road
Goose Green Rd.
Green Pl.
Goose Green Br.
Downie Pl.
Ladywell
Eskdale Mews
Loretto
North High St.
James St.
Millhill
Millhill La.
Parsonage
Kerr's Wynd
Town Hall
River
Eskside West
Eskside East
Short St.
High St.
Kilwinning Pl.
Kilwinning St.
Newbigging
Musselburgh Burgh R.C.
Musselburgh Loretto R.C.
Pinkie House
Playing Fields
Linkfield Road
Beulah
Woodside Gdns.
L'field Ct.
Victoria Terr.
Windsor Gdns.
Albert Terr.
Ashgrove
A. Pl.
Craighall Terr.
Windsor Park
Win. Pk. Dr.
Win. Pk. Pl.
Windsor Pk. Terr.
Ash. View
Macbeth Moir Rd.
Hope Pl.
Pinkie-St. Peter's
Pinkie Road
Pinkie Mains
Pinkie
Galt Av.
Galt Cres.
Mall Av.
Dalrymple Loan
Bus Sta.
Man. Rd.
Mansfield Av.
Man. Pl.
Mans. Ct.
Kilw. Terr.
King St.
Inveresk Rd.
Inveresk Road
Rothesay Pl.
Grove St.
Pa. Ct.
Pa. Av.
Park Lane
Pa. View
The Grove
Pa. Gr. Pl.
Park Gr. Terr.
Lewisvale Ct.
Champigny Ct
Cottage Lane
Edenhall Road
Pin. Pl.
Pinkie Av.
Pinkie Terrace
Park House Day Hosp.
Lewisvale Av.
Lewisvale Park
St. Michaels Av.
Musselburgh
Newbigging
Inveresk Brae
Edenhall Bank
Edenhall Crescent
Pinkie Dr.
Inveresk Cemetery
Church Lane
Inveresk House
Eskgrove
INVERESK
Edenhall
Pinkie Hill Cr.
Pinkie Hill Crescent
Inveresk Village Rd.
Windy Wynd
Double Dykes
Edenhall Hospital
Sewage Works
Pinkiehill
Crookston Road
Shire Haugh
River Esk
Carberry Road
Wedderburn Terr.
Delta Pl.
Smeaton Gro.
Wedderburn House
Golf Course
Howe Mire
Battle of Pinkie 1547
A6124
A1
Cowpits Road
Fernielee
Salter's Road

26

GLASGOW ROAD

Middle Norton

Norton Mains

Easter Norton

Gogar Mount

Norton Road

Club H

Ratho Byres

Ashley

Freelands

RATHO

West Croft
East Croft
Ratho Park Road

Club House

Ratho Park Golf Course

Ransfield

Brampton Lodge

Dalmahoy R

Addiston Mains

C 17 **15** **D** 18 **27**

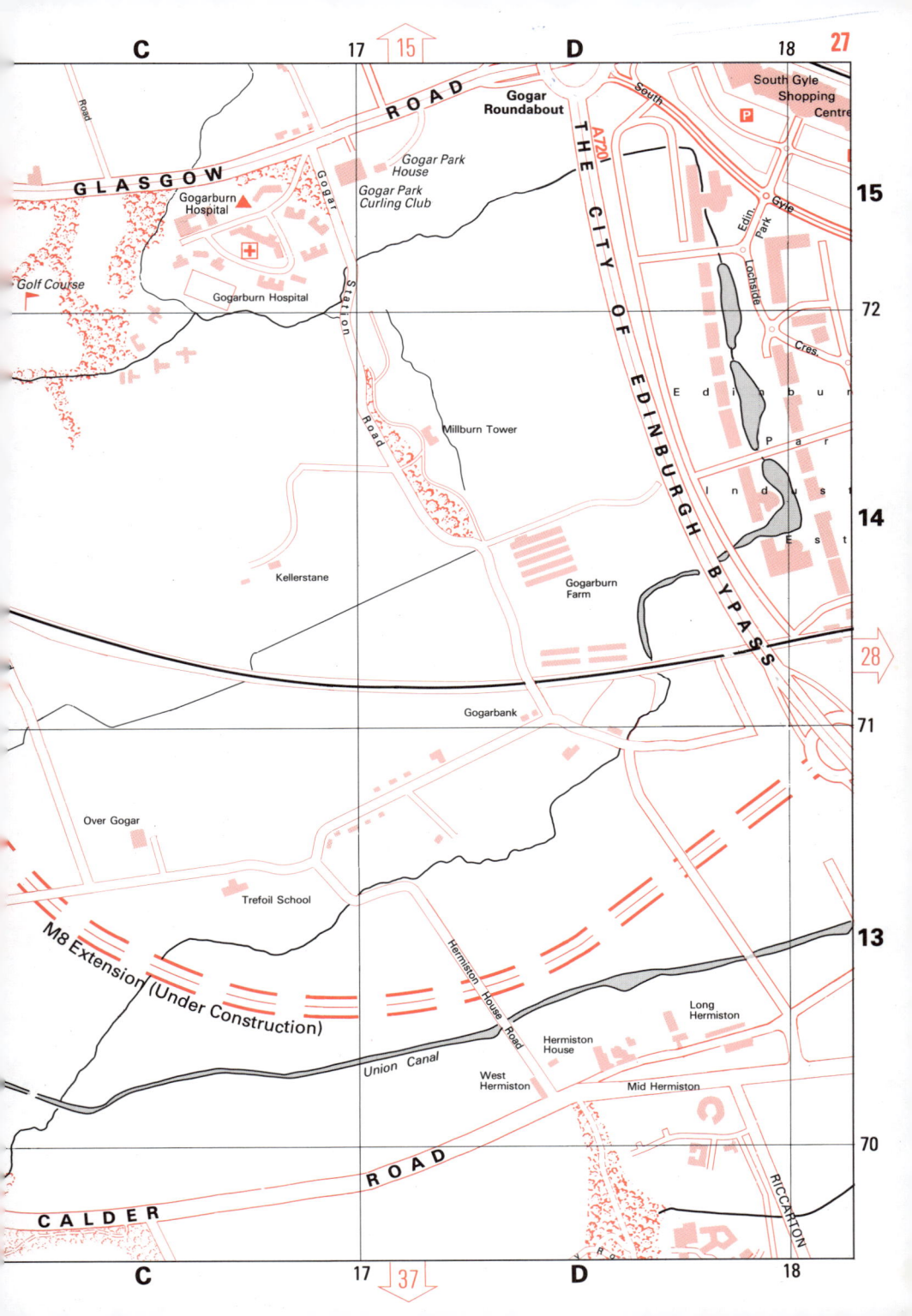

GLASGOW ROAD

Gogar Roundabout

South Gyle Shopping Centre

Golf Course

Gogarburn Hospital

Gogar Park House
Gogar Park Curling Club

THE CITY OF EDINBURGH BYPASS

A720

South Gyle

Edinburgh Park

Lochside

15

Gogar Station Road

72

Millburn Tower

Edinburgh Park Industrial Est

Cres

14

Kellerstane

Gogarburn Farm

28

Gogarbank

71

Over Gogar

Trefoil School

Long Hermiston

M8 Extension (Under Construction)

Hermiston House Road

Hermiston House

13

Union Canal

West Hermiston

Mid Hermiston

70

CALDER ROAD

RICCARTON

C 17 **37** **D** 18

16
38
27
18
19
E
F
15
14
13
72
71
70
M&S
South Gyle Shopping Centre
Gyle Service La.
South Gyle Broadway
Edin. Park
Lochside
Gogarloch Syke
Gogar. Muir
Gogarloch Haugh
Gogarloch Road
South Gyle Road
S.G. Ln.
S.G. Park
South Gyle Sta.
S. Gyle Gdns.
South Gyle Mains
S. Gyle Wynd
South Gyle Wynd
South Gyle Access
South Gyle Crescent
Gylemuir
W. Broom Pl.
W. Broom Road
W.B. Gdns.
W.B. Gro.
Wester Broom Av.
Wester Broom Terr.
Wester Broom Drive
W. Broom
MEADOW PLACE ROAD
Broomhall Drive
Broomhall Terr.
Broomhall Loan
Broomh. Pk.
Broomhall Gdns.
B'h. Bank
Broomhall
Muir. Cotts.
Court
Dunsmuir
Ladyw. Gdns.
Ladywell
St. Augustine's
Forrester
BROOM
Redheughs Rigg
Redheughs Av.
Cres.
Edinburgh Park
Industrial Estate
Royal Bank
Bank of Scotland
160
H.M.S.O.
South Gyle
BYPASS
BANKHEAD DRIVE
Sighthill Park
Stevenson College
Bankhead Crossway N.
Bankhead Medway
Bankhead Broadway
Bankhead Terrace
Bankhead Crossway S.
Bankhead Place
BANKHEAD AVENUE
Bankhead Loan
Bankhead Way
Bank-head St.
Thomas Thomson House
H.M. Govt. Offices
Cultins
Cultins Road
Sighthill Drive
Sighthill Industrial Estate
Mid New Cultins
Napier University
Sighthill Ct.
Sighthill Hermiston Ct.
SIGHTHILL
CALDER RD.
Union Canal
East Hermiston
Calder Junction
Long Hermiston
Calder View
Calder Gdns.
Calder Pk.
Calder Ct.
Calder Gdns.
Cobbinshaw Ho.
Medwin Ho.
Dunsyre Ho.
Sighthill
Calder Pl.
Calder Cr.
Calder Drive
Calder Gro.
Murrayburn
Murray Burn
WESTER HAILES
Westburn
Sighthill Rise
M'burn Appr.
Drive
Wester Hailes Education Centre
Middleknowe
Westburn
Quarrybank
Q. Ct.
Q. Cl.
Quarrybank End
Quarry View
Westburn Gdns.
Middlefield
Westburn Avenue
W'burn Pk.
ROAD
RICCARTON
Wester Hailes Centre
P

17

20 G 21 H

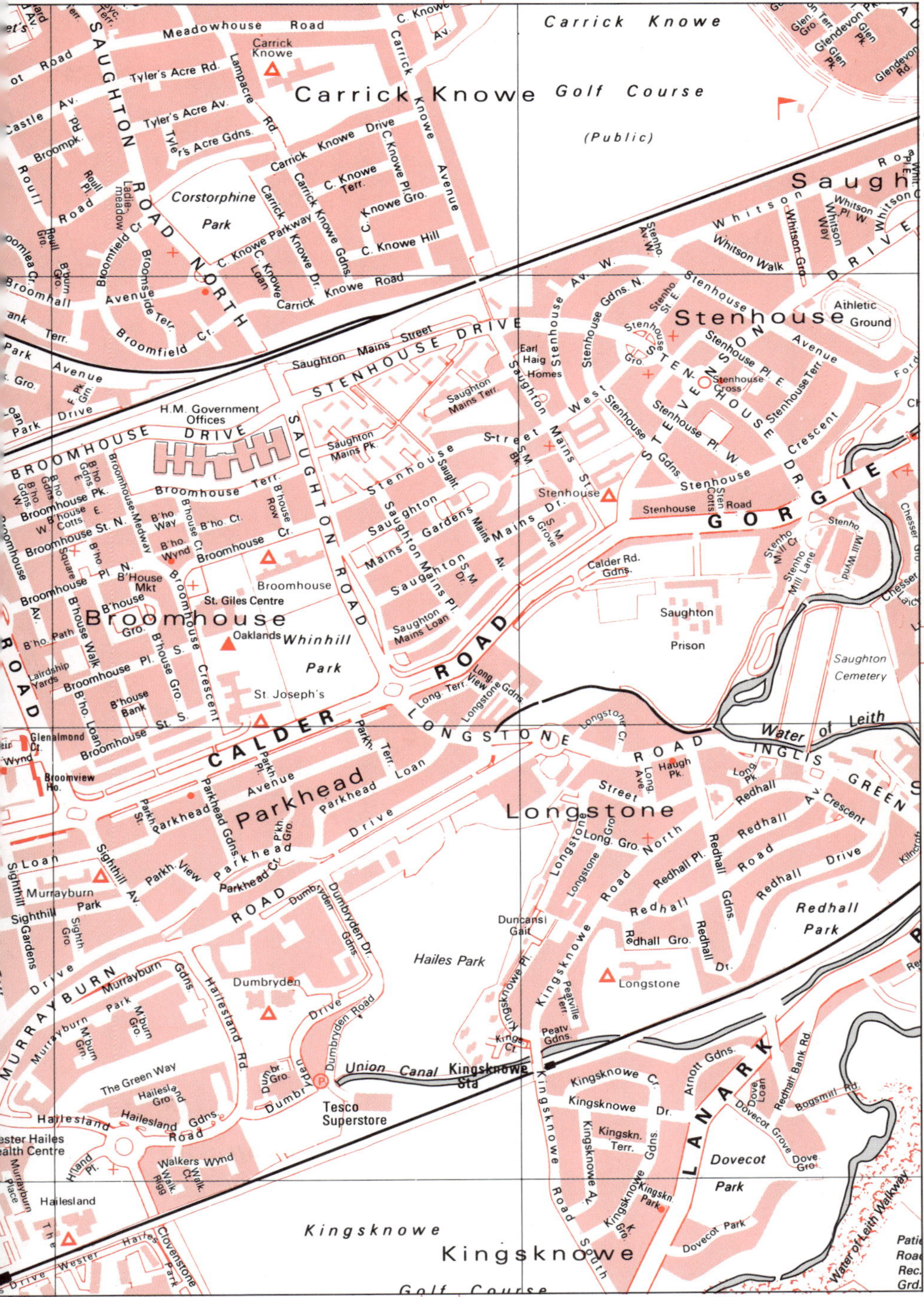

15 72 14 71 13 70

30

20 G 21 H

39

H 22 J 23

18

Rugby.

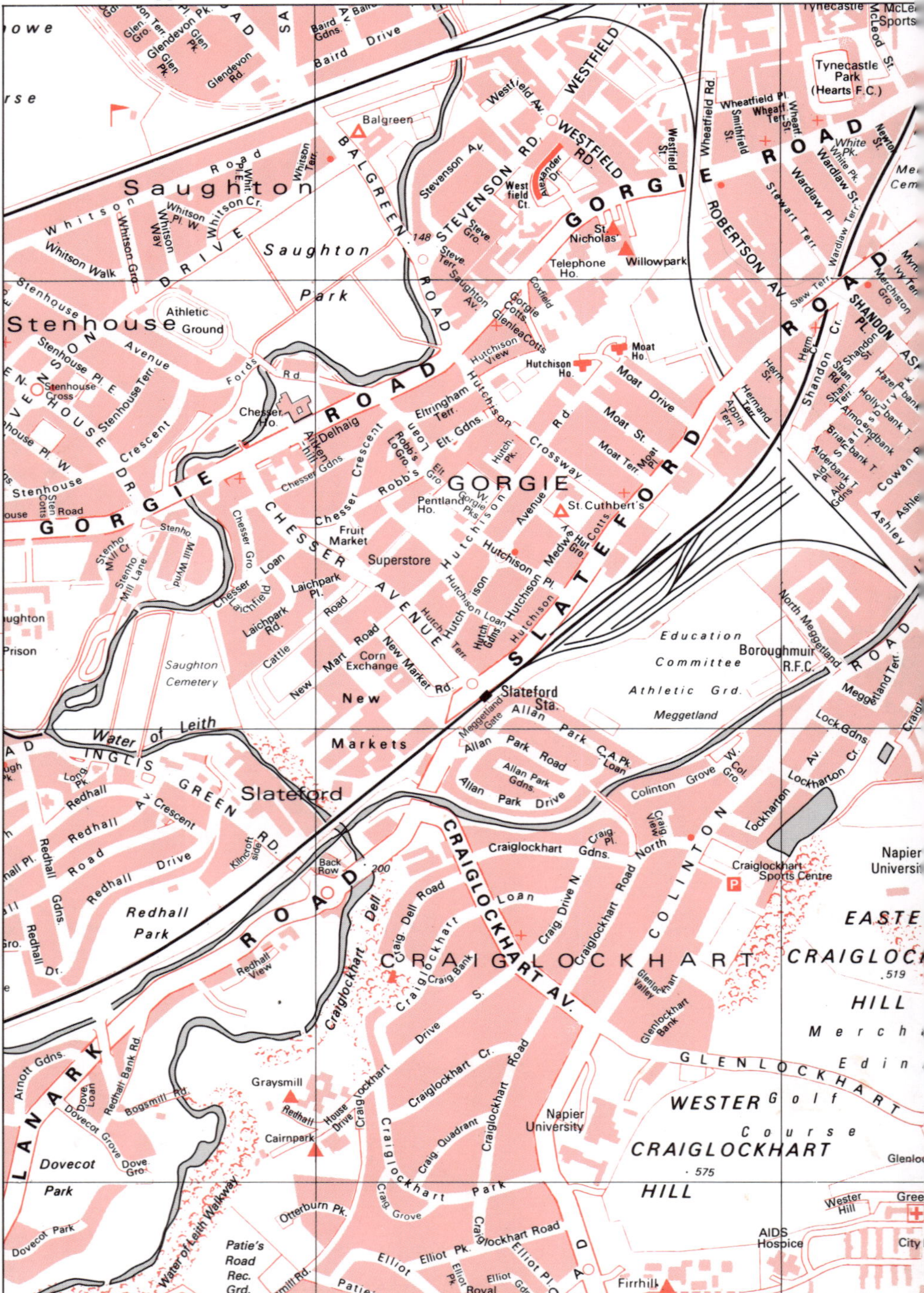

15
72
14
71
13
70

29

39 40

K
24
19
L
25
M
K
24
L
41
25
M
15
72
14
71
13
70
32
Dalry Cemetery
Murie. Terr.
DUNDEE TER.
HENDERSON TERR.
ANGLE PARK TER.
Dundee Terrace
ARDMILLAN TERR.
Adm. Pl.
Bryson Rd.
Napier University
Watson Cr.
Ritchie Pl.
Fowler Terr.
Yeaman Pl.
Yeaman La.
Murdoch Terr.
Gibson Terr.
Tay St.
Polwarth
Temple Park Cr.
Harden Pl.
Mertoun Pl.
Polwarth Cr.
POLWARTH GDNS
POLWARTH TERRACE
POLWARTH GRO.
W. Bryson Rd.
HARRISON RD
Harrison Park
Harrison Rd
Merchiston
Horne Terr
Thistle Pl.
McNeill St.
St. Peter's Pl.
GILMORE PL.
Dorset Pl.
Merchiston Mews
Granville Terr
Merchiston Park
Montpelier
Montpelier Park
Viewforth Terr
Viewforth
Viewforth Sq.
Harrington Pl.
Harrington Gdns
Bruntsfield Gdns
Boroughmuir
Adm. Terr.
Westhall Gdns
Viewf. Gdns
Leamington Terr.
Blind Asyl Workshops
Gillespie Cr.
Upr. Gilm. Pl.
Bruntsfield Links
Bruntsfield
BRUNTSFIELD PLACE
Barclay Terr.
Barc. Pl.
Wright's Hos
Warrender Pk. Terr.
Warrender Park Cr.
Marchmont St.
S.Y.H.A. (Office)
Warrender Park
Spottiswoode St.
Lauderdale St.
Usher Inst. (Edin. Uni. Residence)
Arden St.
James Gillespie's
Spottiswoode
WHITEHOUSE LOAN
Marchmont
Thirlestane Rd.
Greenhill Terr.
S.Y.H.A. Bruntsf. Cr.
Bruntsf. Terr.
Bruntsf. Health Centre
Forbes Rd.
Greenhill Gdns
Bruntsfield Gdns
E. Castle Rd
W. Castle Rd.
Ettrick Gro
Napier Rd.
Merchiston Cr.
Merchiston Pl.
Merchiston Avenue
Rochester Terr.
Blantyre Terr
Mardale Cr.
Napier University
St. Denis' & Cranley
Ettrick Rd.
St. Teresa Pl.
Gillsland Rd.
S. Ettrick Rd.
The Limes
Abbotsford Ct.
Merch. Bk Av.
Merch. Bk Gdns
Abbotsford Cr.
Abbotsford Park
Colinton Road
Church Hill
CHAMBERLAIN RD.
Greenhill Pk.
Greenhill Gardens
CHURCH HILL
Church Hill Pl.
Church Hill Dr.
STRATHEARN PL.
STRATHEARN RD.
St. Margaret's Rd.
Greenhill Pl.
Strathearn Pl.
Hope Terrace
Fortevio
Clinton Rd.
Pitsligo Rd.
Blackford
Whitehouse Terr.
GRANGE
Thirlesta
Napier University
Spylaw Rd.
Gillsland Rd.
Gills. Pk.
Mid Gillsland Rd.
COLINTON
GRAY'S LOAN
Rudolf Steiner
Albert Terr.
Tipperlinn Rd.
Stable La.
Morningside Pl.
Newbattle Terrace
Dominion
Falcon Av.
Falcon Gdns
Falcon Rd.
St. Peter's
Eden La.
Canaan La.
Canaan Home
South Gillsland Rd.
George Watson's Coll.
Merchiston Gdns.
George Watson's Coll. Rec. Grd. (Old Myreside)
MYRESIDE ROAD
Royal Edinburgh Hospital
Morningside Terr.
Springvalley Terr.
Cu. La.
Springvalley Gdns.
Falcon Rd. W.
Steel's Pl.
Falcon Ct.
Canaan Lodge
Lane
Wood Pl.
Canaan
Astley Ainslie Hospital
MORNINGSIDE ROAD
Park
Millar Cr.
Millar Pl.
Millar Pl. La.
Jordan La.
Woodburn Terr.
Woodburn House
MORNINGSIDE
Maxwell St.
Hermitage Terr.
Nile Gro.
Cluny Pl.
Cluny Dr.
Egypt Mews
Myreside Ct.
Bruce St.
Morningside
Balcarres Street
Belhaven Terr.
Cluny Av.
CLUNY GARDENS
Blackford Pond
Midmar Av.
CRAIGHOUSE RD.
Craigho. Gdns.
Craighouse Av.
Craigho. Terr.
Craigho. Pk.
Plewlands
Plewlands Gdns.
Plew. Terr.
Plewlands Av.
Morningside Park
Balcarres Ct.
Morningside Cemetery
The Walk
The Crescent
Morningside Ct.
North
MORNINGSIDE DRIVE
Morningside Gdns.
Ethel Terr.
Com. Gdns
Com. Pl.
Hermitage Gdns.
CLUNY Avenue
Cluny Drive
Midmar Drive
Midmar Gdns.
St. Clair Terr.
St. Ninian's Terr.
St. Fillan's Terr.
St. Ronan's Terr.
Dalhousie Terr.
Craiglea Drive
Com. Terr
South Morningside
Braid Cr.
Braid Avenue
Correnie Dr.
Corrennie Gdns
Hermitage Drive
Craiglea Pl.
Craighill Gdns.
MORNINGSIDE GRO.
Comiston Drive
Braidb. Ct.
Greenb. Pl.
Hermitage of Braid
GREENBANK DRIVE
Greenb. Av.
Greenb.
Braidburn Terr
Braid Burn
Nature Trail
Hermitage of Braid
ROAD
Greenb. La
Greenbank Road
CRESCENT
BRAID ROAD
Braid Farm Road
BRAID HILLS DRIVE
Lang Linn Path
Easter St.
Mid St.
The Steils
Drive
Greenbank Loan
Greenbank Gardens
Greenbank
GREENBANK
COMISTON
364
Valley Park
Braid Hills Av.
Br. Hills Ct.
BRAID HILLS ROAD
BRAID
Braid Hills
546
Braid Hills Approach
Braid Hills Rd.
Mount
Bram. View
Rise
Bramdean
Riselaw Rd.
Greenbank Park

25
M
26
20
N
15
72
14
71
13
70
31
41
42
Bruntsfield Links
Marchmont
Grange
NEWINGTON
Salisbury
Blackford
BLACKFORD
HILL
Craigmillar
Park
West Mains
Golf Course
BRAID
Braid Hills
MELVILLE DRIVE
MARCHMONT ROAD
GRANGE ROAD
GRANGE LOAN
BLACKFORD AV.
CAUSEWAYSIDE
NEWINGTON RD.
MINTO STREET
MAYFIELD
S. CLERK ST.
E. PRESTON ST.
WHITEHOUSE LOAN
STRATHEARN RD.
BEAUFORT RD.
KILGRASTON RD
CHARTERHALL RD.
WEST MAINS ROAD
WEST SAVILE TERRACE
BRAID HILLS DRIVE
Warrender Park Road
Spottiswoode Rd.
Thirlestane Rd.
Hope Terrace
Blackford Rd
Dick Place
Lauder Road
Dalrymple Cr.
Fountainhall Road
South Lauder Road
St. Alban's Road
Relugas Road
Mortonhall Rd.
Oswald Rd.
Kilgraston Ct.
Grange Cemetery
Carlton Cricket Grd.
Masson Hall
Royal Hosp. for Sick Children
Sciennes
Napier Univ.
Nat. Library
Royal (Dick) Vet. Coll.
Preston Street
Scottish Widows H.Q.
Synagogue
James Gillespie's
S.Y.H.A. (Office)
Usher Inst. (Edin. Uni. Residence)
Forteviot
Astley Ainslie Hospital
St. Raphael's
British Geological Survey
Lauriston Dental Centre
Royal Blind Sch.
St. Crispin's
Blackford Pond
Royal Observatory
Corbie's Craig
Murchison House B.G.S.
Scottish Agricultural Coll.
King's Buildings (Univ. of Edin.)
Blackford Quarry
Hermitage of Braid
Lang Linn Path
Dean
Howe
Blackford Glen
539
218
425

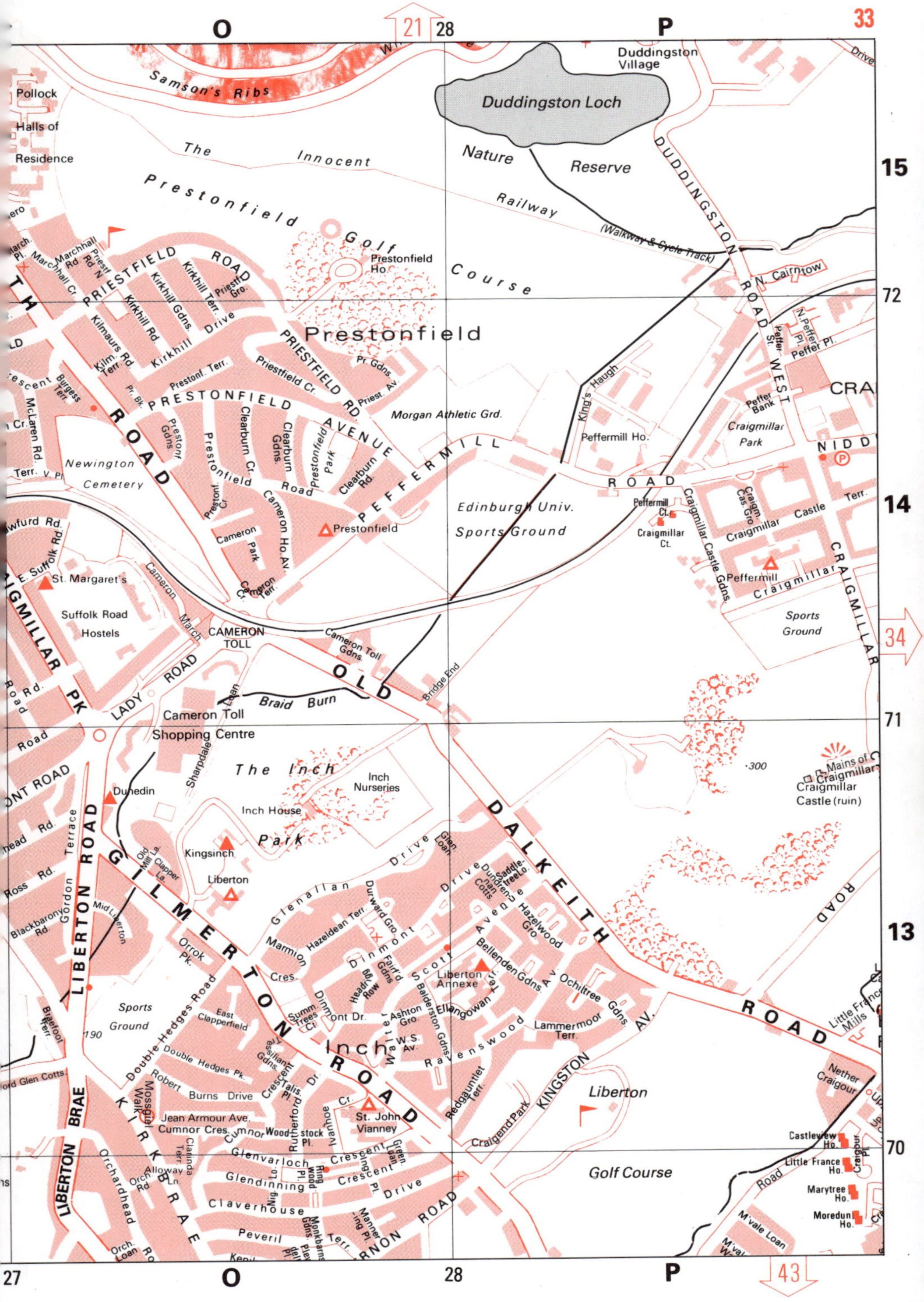
O
21
28
P
Duddingston Village
Drive
Samson's Ribs
Duddingston Loch
Pollock
Halls of
Residence
The
Innocent
Nature
Reserve
15
DUDDINGSTON
Prestonfield
Golf
Railway
(Walkway & Cycle Track)
Prestonfield Ho.
Course
N. Cairntow
72
March. Pl.
Marchhall Cr.
Marchhall Rd.
Priestf. Rd. N.
PRIESTFIELD
ROAD
Kirkhill Terr.
Priestf. Gro.
Kirkhill Gdns.
Kirkhill Rd
Kilmaurs Terr.
Kilm. Rd.
Kirkhill
Drive
PRIESTFIELD RD.
Prestonfield
N. Peffer Pl.
Peffer St.
Peffer Pl.
WEST
CRA
Pr. Gdns.
Priest. Av.
Priestfield Cr.
Prestonf. Terr.
Burgess Terr.
McLaren Rd.
Pr. Bk.
PRESTONFIELD
AVENUE
Morgan Athletic Grd.
King's Haugh
Peffer Bank
Craigmillar
Park
Newington
Cemetery
Terr.
V. Pl.
ROAD
Prestonf. Gdns.
Prestonfield
Clearburn Cr.
Clearburn Gdns.
Prestonfield Park
Clearburn Rd.
Road
PEFFERMILL
Peffermill Ho.
NIDD
ROAD
Peffermill Ct.
Craigmillar Ct.
Craigmillar Castle Gdns.
Craigm. Cas. Gro
Craigmillar
Castle
Terr.
14
Prestonf. Cr.
Cameron
Park
Cameron Ho. Av.
Prestonfield
Edinburgh Univ.
Sports Ground
Crawfurd Rd.
E. Suffolk Rd.
St. Margaret's
Cameron
Cameron Terr.
Cameron Cr.
Peffermill
Craigmillar
CRAIGMILLAR
Suffolk Road
Hostels
March
CAMERON
TOLL
Cameron Toll Gdns.
Sports
Ground
34
CRAIGMILLAR
PK
Rd.
Road
LADY
ROAD
OLD
Bridge End
Loan
Braid
Burn
Cameron Toll
Shopping Centre
71
Road
Sharpdale
The
Inch
Inch
Nurseries
·300
Mains of Craigmillar
Craigmillar
Castle (ruin)
DALKEITH
Dunedin
Inch House
Park
Head Rd.
Terrace
LIBERTON ROAD
Old Mill La.
Clapper La.
Kingsinch
Liberton
Drive
Glen Loan
Drive
Saddletree Lo.
Dundrennan Cotts.
Ross Rd.
Gordon
Blackbarony Rd.
Mid Liberton
GILMERTON
Glenallan
Durward Gro.
Hazeldean Terr.
Avenue
Hazelwood Gro.
ROAD
Orrok Pk.
Marmion
Cres.
Dinmont
Fairford Gdns.
Scott
Bellenden Gdns.
13
LIBERTON
Headrigg Row
Liberton Annexe
Av.
Ochiltree Gdns.
Sports
Ground
East Clapperfield
Double Hedges Road
Summ. Trees Ct.
Dinmont Dr.
Ashton Gro.
Balderston Gdns.
Ellangowan Terr.
Lammermoor Terr.
AV.
Little France Mills
ROAD
Braefoot Terr.
190
Double Hedges Pk.
Tressilian Gdns.
Inch
Walter Scott
W.S. Av.
Ravenswood
KINGSTON
Robert
Burns Drive
Crescent
Talis. Pl.
Rutherford Dr.
Liberton
Nether Craigour
Glen Cotts.
BRAE
Mossgiel Walk
Jean Armour Ave.
Cumnor Cres.
Cumnor
Woodstock Pl.
Ivanhoe Cr.
St. John Vianney
Redgauntlet Terr.
Craigend Park
Castleview Ho.
70
KIRKBRAE
Glenvarloch
Clarinda Terr.
Alloway Ln.
Orch. Rd.
Ringwood Pl.
Crescent
Green Loan
Crescent
Ingl. Pl.
Golf Course
Little France Ho.
Craigour Pl.
Road
LIBERTON
Orchardhead
Glendinning
Nig. Lo.
Drive
ROAD
Marytree Ho.
M'vale Loan
Claverhouse
Monkbarns Gdns.
Manner. Ing Pl.
Moredun Ho.
Peveril
Terr.
Orch. Loan
Kenil.
M'val W.
27
O
28
P
43

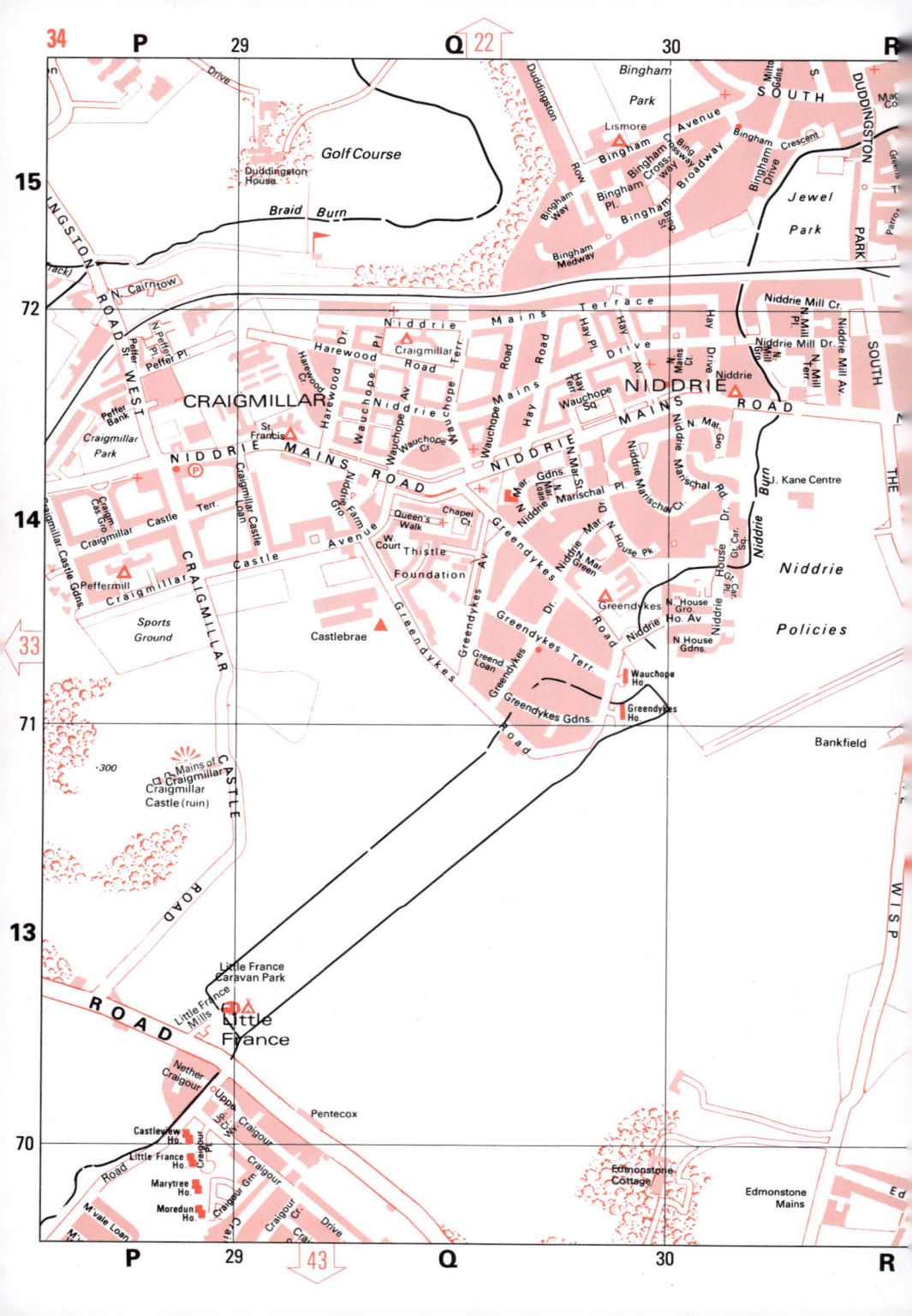

Map of Craigmillar, Niddrie, and Little France area (Edinburgh), grid references P/Q/R 29-30, rows 13-15.

Key locations visible on map:

- **Golf Course** with Duddingston House
- **Braid Burn**
- **Bingham Park**, Lismore
- **South Duddingston**
- **Jewel Park**
- Bingham Avenue, Bingham Crescent, Bingham Drive, Bingham Broadway, Bingham Way, Bingham Pl., Bingham Sq., Bingham Medway, Bingham Crossway, Bingham Row
- N. Cairntow
- **Niddrie Mill** Cr., Niddrie Mill Dr., Niddrie Mill Av., Niddrie Mill Terr.
- Niddrie Mains Terrace, Niddrie Mains Road, Niddrie Mains Dr.
- Harewood Dr., Harewood Road
- Craigmillar Terr., Craigmillar Cr.
- **CRAIGMILLAR**
- Peffer Pl., N. Peffer, Peffer Bank, Peffer St. Gro.
- Craigmillar Park
- St Francis
- Wauchope Pl., Wauchope Terr., Wauchope Sq., Wauchope Av., Wauchope Ho.
- Hay Pl., Hay Terr., Hay Drive, Hay Road
- **NIDDRIE**
- Niddrie Marischal Rd., Niddrie Marischal Pl., Niddrie Marischal Gdns., Niddrie Marischal Ct., Niddrie Marischal Cr., Niddrie Marischal Loan, Niddrie Marischal Gro., Niddrie Marischal Green
- Niddrie Ho. Pk., Niddrie Ho. Av., N. House Gro., N. House Gdns.
- J. Kane Centre
- Niddrie Burn
- **Niddrie Policies**
- Craigmillar Castle Terr., Craigmillar Castle Loan, Craigmillar Castle Gdns.
- Peffermill
- Queen's Walk, W Court
- Chapel Ct.
- Thistle Foundation
- Castlebrae
- Greendykes Av., Greendykes Terr., Greendykes Loan, Greendykes Rd., Greendykes Gdns., Greendykes Ho.
- Gt. Car. Sq.
- **Craigmillar Castle Road**
- Sports Ground
- Mains of Craigmillar
- **Craigmillar Castle (ruin)** ·300
- Bankfield
- **THE WISP**
- Little France Caravan Park
- Little France Mills
- **Little France**
- Nether Craigour, Upper Craigour
- Pentecox
- Castleview Ho., Little France Ho., Marytree Ho., Moredun Ho.
- Craigour Gdns., Craigour Gro., Craigour Dr., Craigour Cr.
- Myvale Loan
- Edmonstone Cottage
- Edmonstone Mains
- **OLD DALKEITH ROAD** (lower left)
- KINGSTON ROAD WEST

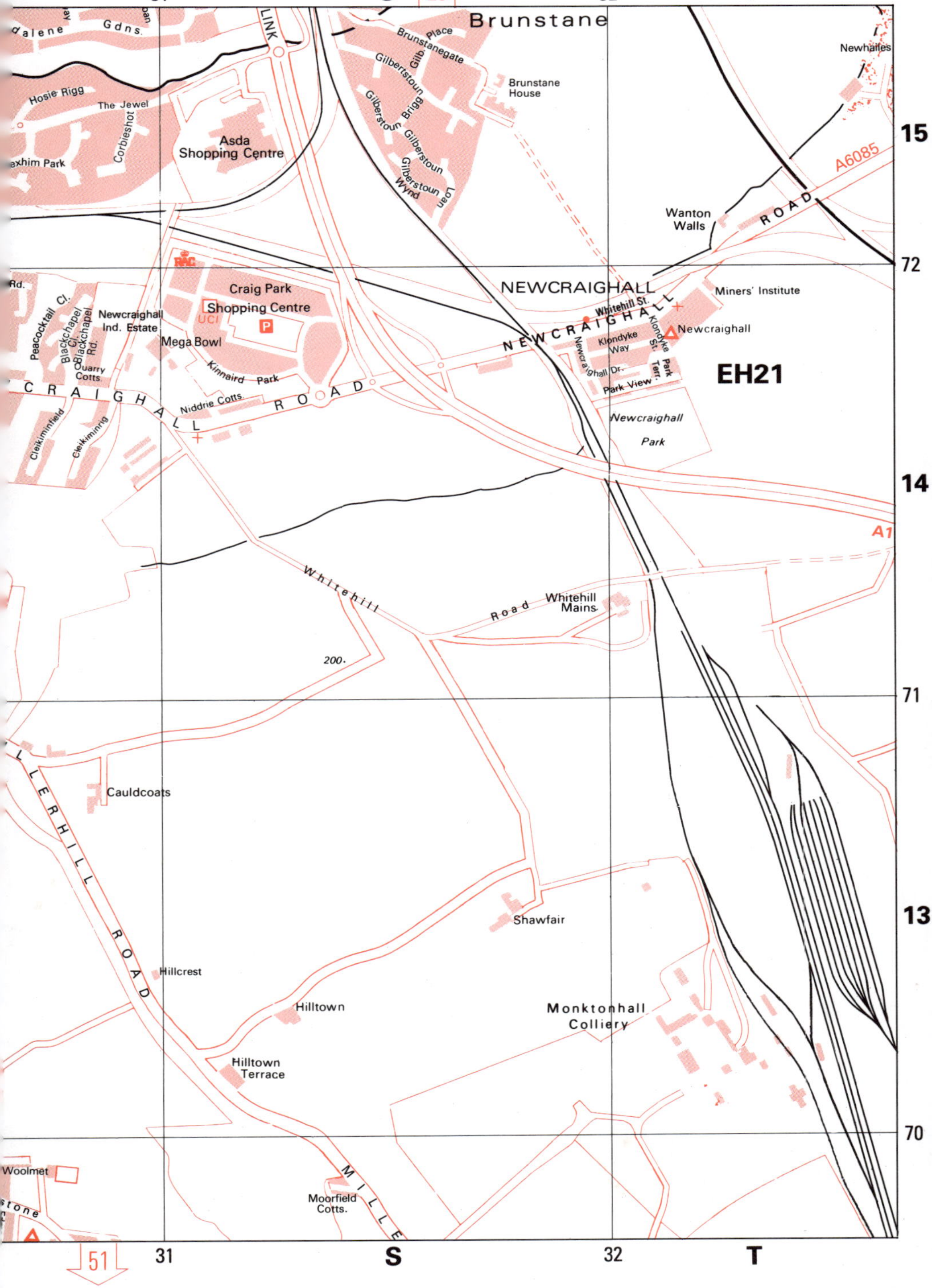

31
S
23
32
T
Brunstane
Brunstanegate
Brunstane House
Gilberstoun
Gilberstoun Brigg
Gilberstoun Wynd
Gilberstoun Loan
Newhailes
LINK
Gdns.
Hosie Rigg
The Jewel
Corbieshot
Asda Shopping Centre
exhim Park
Wanton Walls
ROAD
A6085
15
72
NEWCRAIGHALL
Miners' Institute
Whitehill St.
Klondyke Way
Klondyke St.
Newcraighall
Newcraighall Dr.
Park View
Park Terr.
EH21
Craig Park Shopping Centre
UCI
P
Peacocktail Cl.
Blackchapel Cl.
Blackchapel Rd.
Newcraighall Ind. Estate
Mega Bowl
Quarry Cotts.
Kinnaird Park
Niddrie Cotts.
CRAIGHALL ROAD
NEWCRAIGHALL ROAD
Cleikiminfield
Cleikiminrig
Newcraighall Park
14
A1
Whitehill Road
Whitehill Mains
200
71
Cauldcoats
MILLERHILL ROAD
Shawfair
13
Hillcrest
Hilltown
Hilltown Terrace
Monktonhall Colliery
70
Woolmet
Moorfield Cotts.
51

36

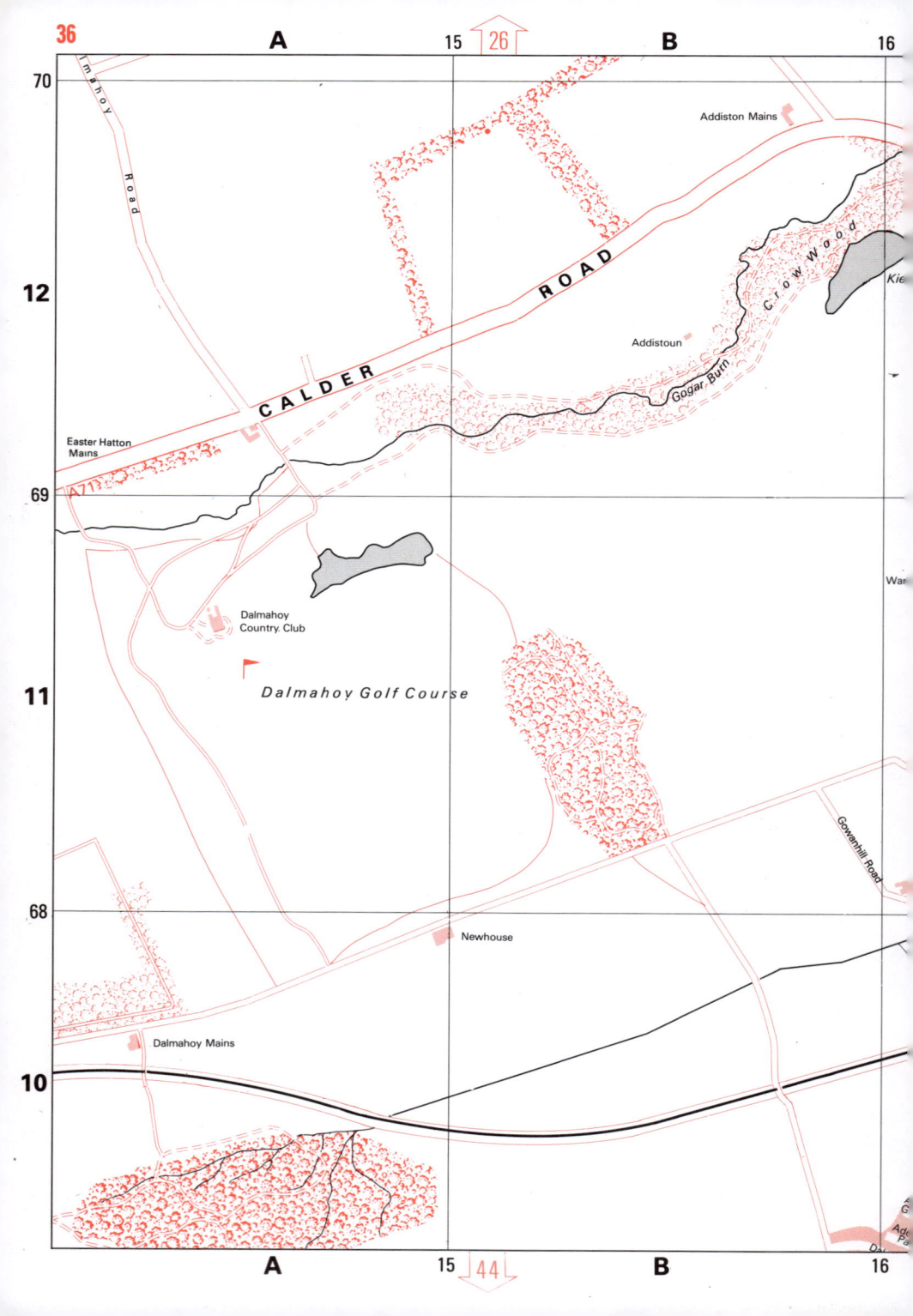

A 15 26 B 16

70

CALDER ROAD

Addiston Mains

12

Crow Wood

Addistoun

Gogar Burn

Easter Hatton Mains

A71

69

Dalmahoy Country Club

War

Dalmahoy Golf Course

11

Gowanhill Road

68

Newhouse

Dalmahoy Mains

10

A 15 44 B 16

C
17
27
D
18
70
CALDER ROAD
RICCARTON
MAINS ROAD
Boundary Road
First Gait
Second Gait
Third Gait
Fourth Gait
Research Avenue Two
Res. Av. One
Research Park Road
Heriot Watt University
The Avenue
Meadow Rd.
Riccarton
Sports Ground
Cameron Smail Road
Curriehill Road
Avenue West
12
69
38
11
Malcolmstone
Cocklaw
Murray Burn
Currievale
Curriehill Sta.
Curriehill Road
Weaver's Knowe
Riccarton Dr.
Riccarton Av.
F. View Cr.
F. View Ct.
Palmer Pl.
Palmer Rd
Forth View
Riccarton
68
Currievale Drive
Currie High
Currivale Park Grove
Currievale Park
Dolphin Gdns. E.
Pent. Av.
Pentland View Ct.
Pentland View
Forth View Rd.
F. View Av.
Dolphin Gardens West
Dolphin Avenue
Dolphin Road
Stew. Gdns.
Stew. Cr.
Stewart Avenue
Rowan Tree Av.
Rowan Tree Grove
Stew. Pl.
Stew Rd.
Newmills Road
Curriehill Castle Drive
Cres cent
New. Av.
New. Gr.
Newmills
Old Newmills Road
Park
Cherry Tree
Ch.Tr. Av.
Ch.Tr. Loan
Ch.Tr. Pl.
Ch.Tr. View
Cr.
Ch.Tr. Grove
Cherry Tree Gardens
LANARK ROAD WEST
H'burgh Bk.
10
C
17
45
D
18

18
E
28
19
F
70
12
69
37
11
68
10
RICCARTON
MAINS
ROAD
Riccarton Mains
Research Avenue Two
Research Park Road
Res. Av. One
The Avenue
Sports Ground
Middleknowe
Westburn
Quarrybank End
Quarry View
Westburn Gdns.
Middlefield
Avenue
Westburn Gro.
W'burn Pk.
ROAD
THE
Baberton Mains
Westburn
Baberton Mains Gdns.
B.M. Lea
B.M. Dell
B.M. Brae
B.M. Rise
B.M. Way
B.M. Hill
B.M. Wood
Baberton Mains Gro.
B.M. Park
Baberton
B.M. Cres.
Mains
Bab. Mains Bk.
Baberton Whitelaw
Road
Baberton Golf Course
Bloomiehall Park
Juniper Pk. Rd.
Juniper Gro.
Juniper Gdns.
Belmont Road
Grove Pl.
Baberton Av.
Baberton Pk.
Juniper Av.
Jun. Ln.
Jun. Terr.
Juniperlee
JUNIPER GREEN
Woodhall
Nether Currie Cr.
N.C. Pl.
Nether Currie Rd.
Muir Wood Road
Muir Wood Pl.
Muir Wood Crescent
Muir Wood Gro.
Muir Wood Dr.
Muir Wood Road
Thomson Drive
Thomson Gro.
Nether Currie
Thomson Crescent
Thomson Road
Corslet Road
Corslet Cr.
Crescent
Knowe
Weaver's
Curriehill
Riccarton Dr.
Riccarton Av.
Riccarton Gro.
Riccarton Cr.
Bryce Pl.
Bryce Cres.
Bryce Cr.
E. Currie Cr.
Easter Currie Terr.
Easter Currie Ct.
LANARK ROAD WEST
Kinleith Industrial Estate
Palmer Rd
Palmer Pl.
Curriehill Road
View Cr.
F. View Av.
Forth View Rd.
Pentland View Pl.
Pentland View
Pentland View Ct.
Riccarton
CURRIE
Curriehill
450
Water of Leith Walkway
Road
Blinkbonny
Blinkbonny
Poet's Burn
300

29
40
20
G
21
H
70
69
68
12
11
10
Kingsknowe
Kingsknowe Golf Course
Dovecot Park
Dovecot Park
Dove Gro.
Kingsknowe Av.
Kingsknowe Gro.
Kingskn. Park
Kingsknowe Road South
Hailesland
Walkers Wynd
Walk. Rigg
Walk. Ct.
H'land Pl.
Murrayburn Place
The
Wester Hailes Drive
Clovenstone Park
Clovenstone Road
Wester Hailes
Green
Clovenstone Way
Clovenstone Gardens
Clovenstone Park
Clovenstone Drive
Clovenstone
Hailes Drive
WESTER HAILES RD.
OF EDINBURGH BYPASS
A720
Bab. Mains View
Drive
Baberton Mains Loan
Bab. M. Ct.
Baberton Crescent
Foulis Cr.
Woodhall Av.
Viewfield Rd.
Muirend Av.
LANARK ROAD
Woodhall Millbrae
Water of Leith Walkway
Water of Leith
GILLESPIE ROAD
Hailes Av.
Hailes Terr
Hailes Gro.
Hailes Cr.
Hailes Park
Hailes
Hailes Gardens
Hailes Bk.
Hailes Appr.
Spylaw Bank Road
Spylaw Av.
Spylaw Park
Pentland Rd.
Pentland Av.
Dell Rd.
Spylaw St.
Spylaw Ho.
BRIDGE RD.
COLINTON
Spylaw Park
Colinton Dell
Water of Leith Walkway
Redhall Mill
250
Colinton Castle Sports Club
Merchiston Castle
Colinton Castle (ruin)
Bonaly Annex
Westgarth Av.
Dreghorn Loan
Barnshot Road
West Mill Road
Campbell Park
Avenue
Woodfield Park
Woodfield
Campbell Park Cr.
Campbell Pk. Dr.
Woodhall Road
Woodhall Gro.
Woodhall Bank
Woodhall Road
Grant Avenue
Harelaw Rd.
Castlelaw Rd.
Carnethy Av.
Allermuir Rd.
Capelaw Rd.
Bonaly Road
W. Carnethy Av.
Fernielaw Avenue
Laverockdale Cr.
Laver. Loan
Bonaly Terr.
Bonaly Steading
Munro Drive
Bonaly Avenue
Bonaly Farm Cotts
Bonaly Drive
Bonaly Gdns.
Bonaly
Crescent
Laverockdale Pk.
Bonaly Grove
Bonaly Wester
Bonaly Rise
Bonaly Brae
Bonaly
Woodhall
Woodhall Mains
Road
Torphin Road
627 · Corbie Hill
Torphin
Torduff Road
Bonaly Tower
Bonaly Burn
Scout Hostel
P
Torphin Hill Golf Course
Torphin Hill
Torphin
Closed to Vehicles
Vehicles
Torduff Hill
Torduff Reservoir
White Hill
1044 ·

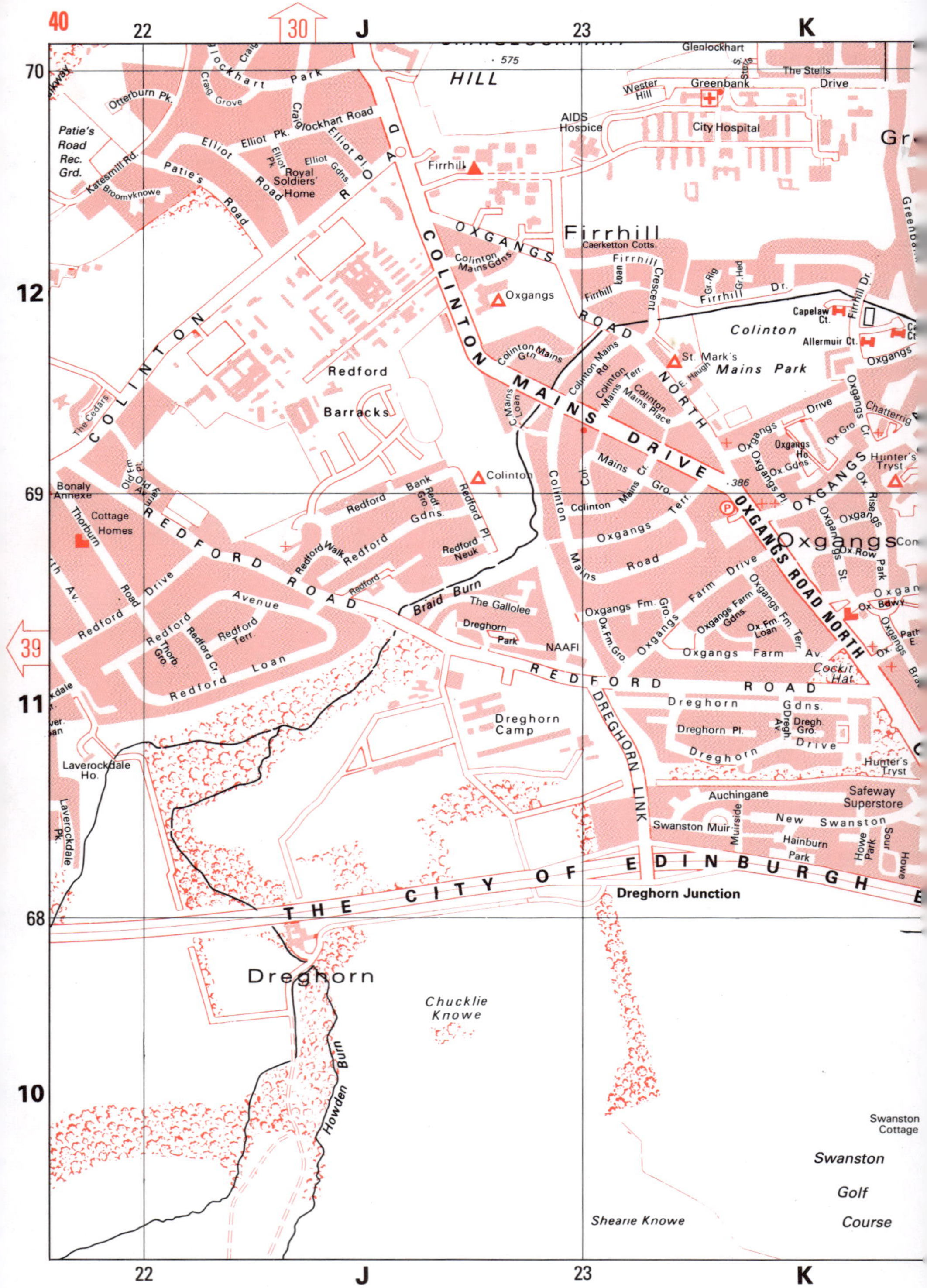
30
39
22
J
23
K
70
12
69
11
68
10
HILL
575
Glenlockhart
Greenbank
The Steils
Drive
Wester Hill
AIDS Hospice
City Hospital
Firrhill
Firrhill
Caerketton Cotts.
Otterburn Pk.
Craig Grove
Craiglockhart Park
Craiglockhart Road
Elliot Pk.
Elliot Road
Elliot Pl.
Elliot Gdns.
Royal Soldiers' Home
Patie's Road Rec. Grd.
Katesmill Rd.
Broomyknowe
Patie's Road
COLINTON ROAD
OXGANGS ROAD
Colinton Mains Gdns.
Oxgangs
Firrhill Loan
Firrhill Crescent
Firrhill Dr.
Gr. Rig
Gr. Hed
Capelaw Ct.
Allermuir Ct.
Colinton Mains Park
Oxgangs
St. Mark's
Colinton Mains Grn.
Colinton Mains Rd.
Colinton Mains Terr.
Colinton Mains Place
E. Haugh
NORTH
COLINTON MAINS DRIVE
C. Mains Loan
Redford Barracks
The Cedars
Colinton
Oxgangs Drive
Oxgangs Ho.
Ox. Gdns.
Ox. Gro.
Oxgangs Ct.
Chatterrig
Hunter's Tryst
Oxgangs Pl.
386
Colinton Mains Ct.
Mains Gro.
Colinton Mains Terr.
Oxgangs Terr.
Oxgangs Road
Colinton Mains
OXGANGS ROAD NORTH
OXGANGS
Oxgangs
Ox. Rise
Oxgangs
Oxgangs St.
Ox. Row
Park
Bank Gro.
Redf. Gro.
Redford Gdns.
Redford Pl.
Redford Neuk
Redford Walk
Redford
Bonaly Annexe
Old Fm. Av.
Old Farm Pl.
Thorburn
Cottage Homes
REDFORD ROAD
Redford Drive
Redford Av.
Redford Road
Avenue
Redford Thorb. Gro.
Redford Cr.
Redford Terr.
Redford Loan
Braid Burn
The Gallolee
Dreghorn Park
NAAFI
Oxgangs Fm. Gro.
Ox. Fm. Gro.
Oxgangs Farm Drive
Oxgangs Farm Gdns.
Ox. Fm. Loan
Oxgangs Fm. Terr.
Oxgangs Farm Av.
Ox. Bdwy
Oxgangs Path E.
Cockit Hat
REDFORD ROAD
DREGHORN LINK
Dreghorn Gdns.
Dreghorn Pl.
Dregh. Av.
Dregh. Gro.
Dreghorn Drive
Dreghorn Camp
Hunter's Tryst
Laverockdale Ho.
Laverockdale Pk.
Auchingane
Safeway Superstore
Swanston Muir
Muirside
New Swanston
Hainburn Park
Howe Park
Swanston Howe
THE CITY OF EDINBURGH
Dreghorn Junction
Dreghorn
Chucklie Knowe
Howden Burn
Swanston Cottage
Swanston Golf Course
Shearie Knowe

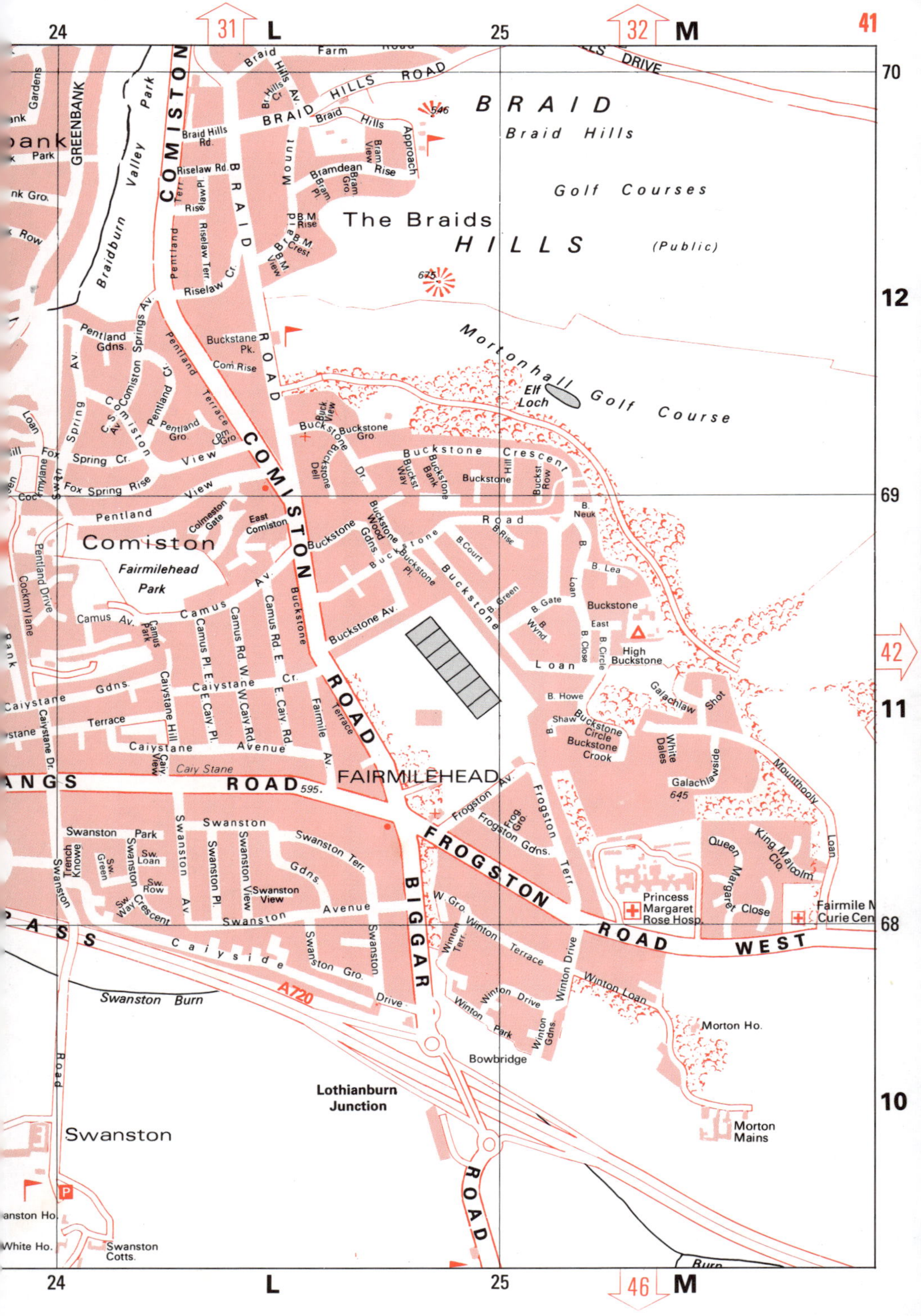
24
31
L
25
32
M
70
69
68
12
11
10
42
46
BRAID
Braid Hills
Golf Courses
The Braids
HILLS
(Public)
546
675
BRAID HILLS ROAD
Braid Hills Av.
Braid Farm Road
Br. Hills Cr.
Braid Hills Rd.
Braid Hills Approach
Mount Braid
Bramdean Rise
Bram. View
Bramdean Pl.
Bram. Gro.
B.M. Rise
B.M. Crest
B.M. View
Riselaw Rd.
Riselaw Pl.
Riselaw Terr
Riselaw Cr.
Pentland Terr
Rise
GREENBANK
Gardens
Park
Row
Braidburn Valley Park
COMISTON ROAD
Buckstane Pk.
Com. Rise
Mortonhall Golf Course
Elf Loch
Pentland Gdns.
Comiston Springs Av.
Pentland Cr.
Pentland Terrace
Pentland Gro.
Com. Gro.
Spring Av.
Comiston View
C.S. Av.
Spring Cr.
Fox Spring Rise
Pentland View
Colmeston Gate
East Comiston
Comiston
Fairmilehead Park
Pentland Drive
Cockmylane
Loan
Buck. View
Buckstone Gro.
Buckstone Dell
Buckstone Dr.
Buckstone Crescent
Buckst. Way
Buckstone Bank
Buckstone Hill
Buckst. Row
Buckstone Road
B. Neuk
B. Rise
B. Court
Buckstone Wood Gdns.
Buckstone Pl.
Buckstone Loan
B. Green
B. Lea
B. Gate
B. Wynd
B. Loan
Buckstone East
B. Close
B. Circle
High Buckstone
B. Howe
B. Shaw
Buckstone Circle
Buckstone Crook
Galachlaw Shot
White Dales
Galachlawside
645
Mounthooly Loan
Buckstone Av.
Camus Av.
Camus Park
Camus Pl. E.
Camus Rd. W.
Camus Rd. E.
Buckstone Terrace
Caiystane Gdns.
Caiystane Terrace
Caiystane Dr.
Caiystane Hill
Caiystane Cr.
E. Caiy. Pl.
W. Caiy. Rd.
E. Caiy. Rd.
Fairmile Av.
Caiystane Avenue
Caiy. View
Cary Stane
ROAD
595
FAIRMILEHEAD
Frogston Av.
Frog. Gro.
Frogston Gdns.
Frogston Terr.
FROGSTON ROAD WEST
Queen Margaret Close
King Malcolm Clo.
Princess Margaret Rose Hosp.
Fairmile Marie Curie Cen
Swanston Park
Trench Knowe
Sw. Green
Sw. Loan
Sw. Row
Sw. Way
Swanston Crescent
Swanston Av.
Swanston Pl.
Swanston View
Swanston Terr.
Swanston Gdns.
Swanston Avenue
Swanston Gro.
Swanston Drive
Caiyside
Swanston Burn
A720
BIGGAR ROAD
W. Gro.
Winton Terr.
Winton Terrace
Winton Drive
Winton Loan
Winton Park
Winton Gdns.
Bowbridge
Morton Ho.
Lothianburn Junction
Morton Mains
Swanston Road
Swanston
Swanston Ho.
White Ho.
Swanston Cotts.
Burn

32

26 N 27 O

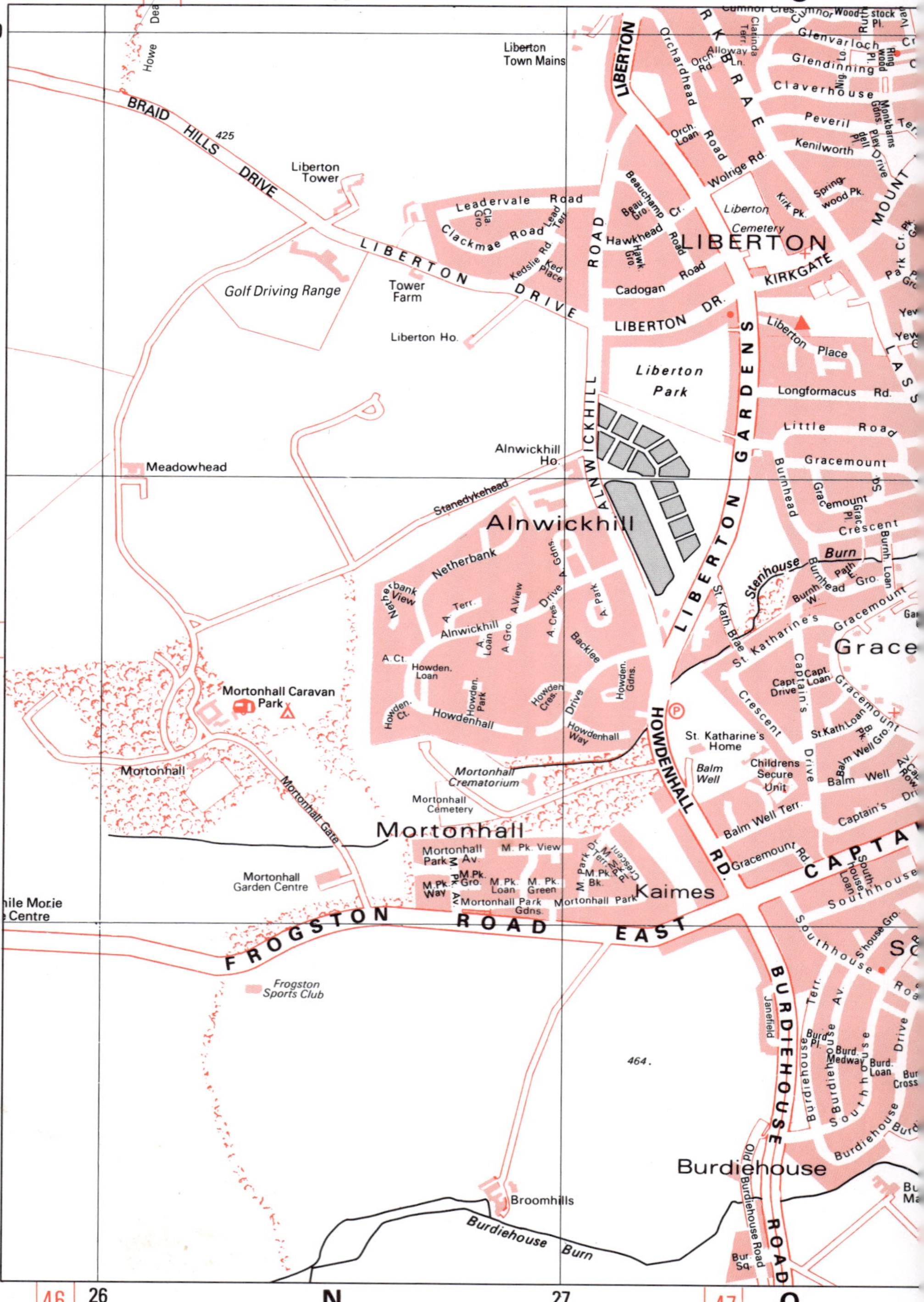

41

70 12 69 11 68 10

46

26 N 27 O

47

3 28 P 29 34 Q

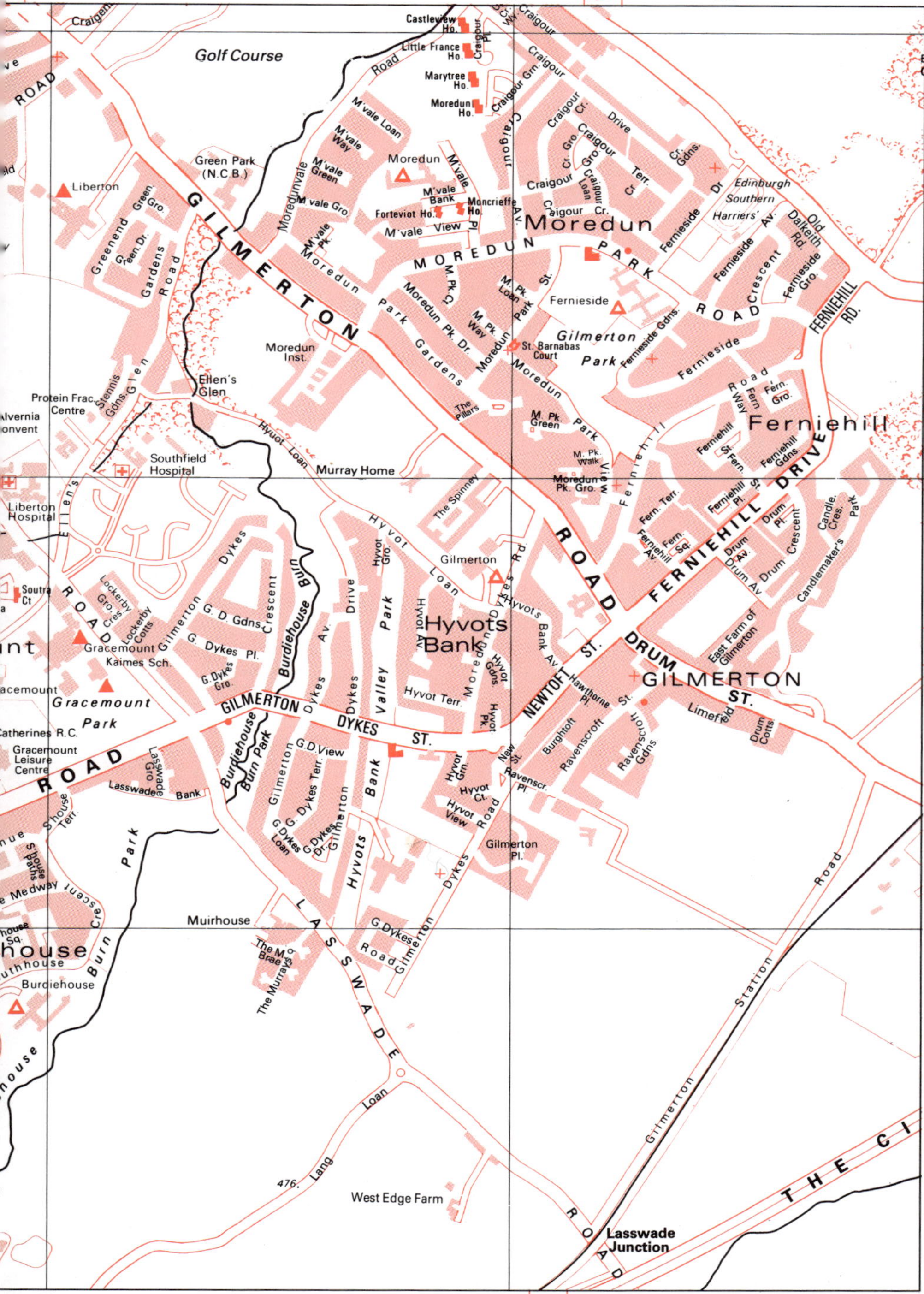

70 12 69 51 11 68 10

28 P 29 48 Q

44

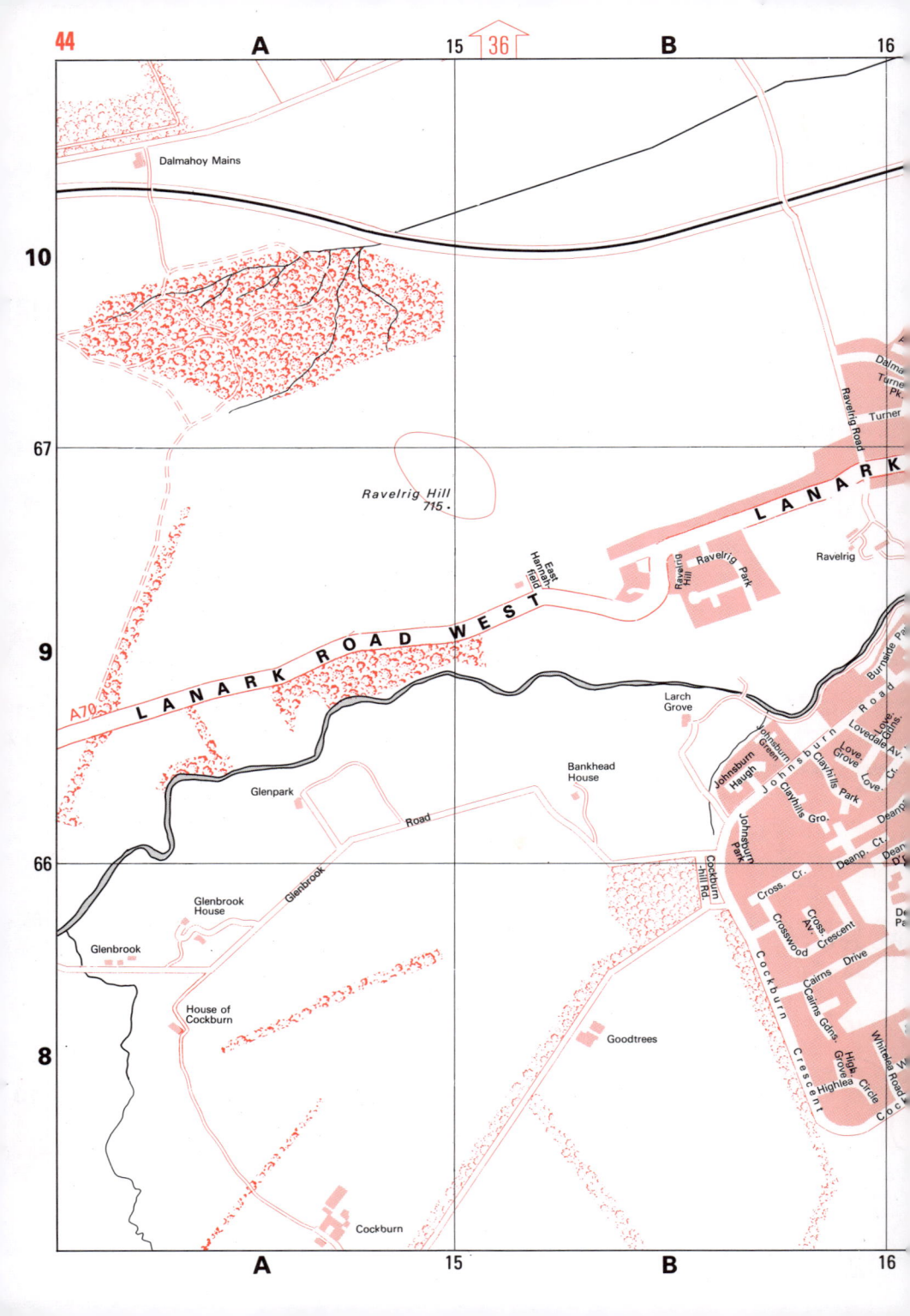

A　　　　　　15　36　　B　　　　16

10

Dalmahoy Mains

67

Ravelrig Hill
715

Dalma Turner Pk
Turner
LANARK
Ravelrig Hill
Ravelrig Park
Ravelrig
Burnside
East Hannah field

9

A70 LANARK ROAD WEST

Larch Grove
Glenpark
Bankhead House
Johnsburn Haugh
Johnsburn Green
Johnsburn
Clayhills Gro.
Clayhills Park
Lovedale Av.
Love Grove
Love
Low
Road
Deanp
Deanp. Ct.

66

Glenbrook House
Glenbrook
Road
Johnsburn Park
Cockburn hill Rd.
Cross. Cr.
Cross Crescent
Crosswood Av.
Crosswood Drive
Cairns
Cairns Gdns.
Deanp
De Pa

House of Cockburn
Goodtrees
Cockburn Crescent
Whitelea Road
High Grove
Highlea Circle
Co

8

Cockburn

A　　　　　　15　　　　B　　　　16

45

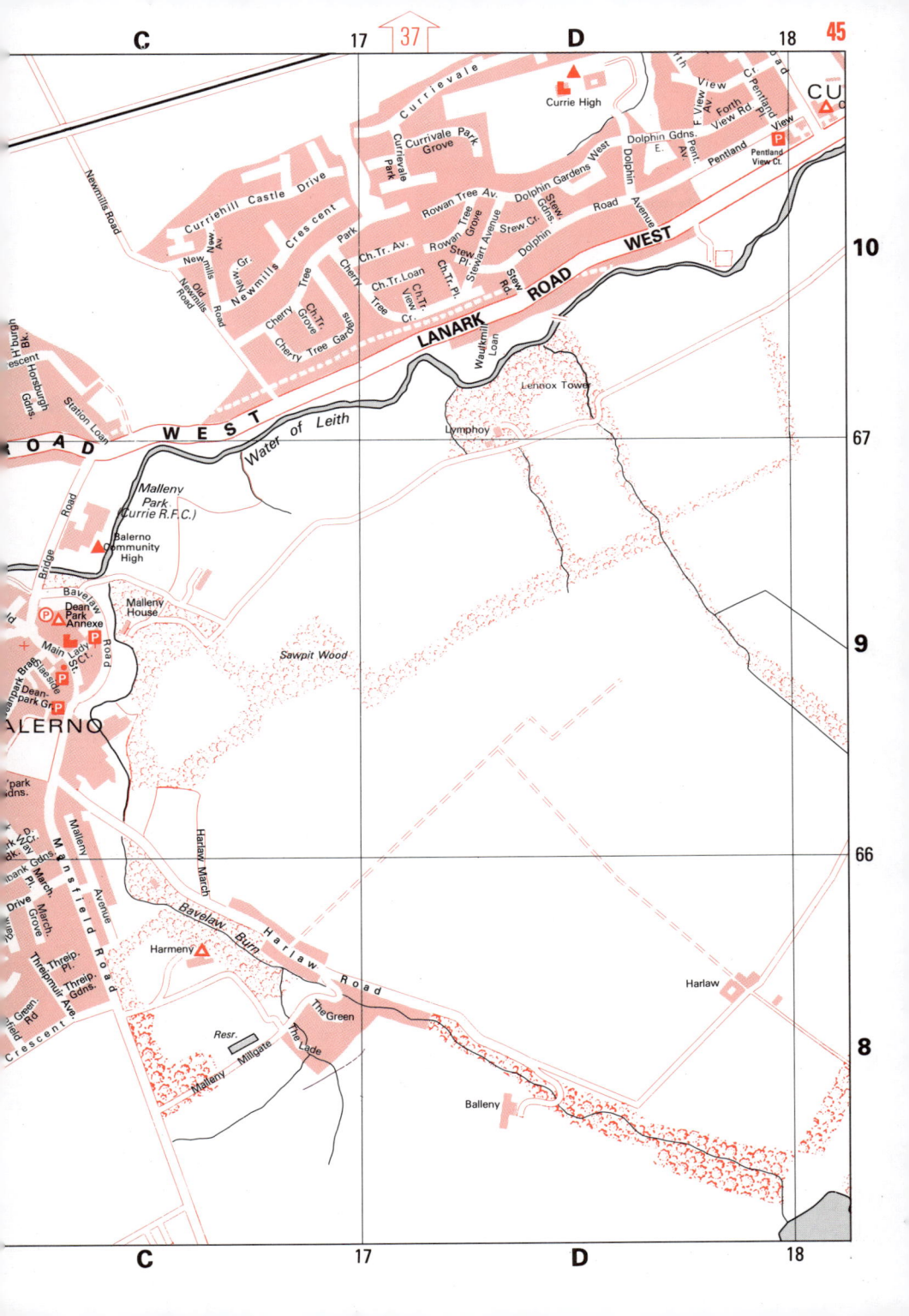

C 17 37 **D** 18

Currie area
- Curriehill Castle Drive
- Newmills Road
- Newmills Crescent
- Old Newmills Road
- New Mills Av.
- Nether Currie Crescent
- Cherry Tree Park
- Cherry Tree Grove
- Cherry Tree Gardens
- Ch.Tr.Av.
- Ch.Tr.Loan
- Ch.Tr.Pl.
- Ch.Tr.View Cr.
- Currievale Park
- Currievale Park Grove
- Rowan Tree Av.
- Rowan Tree Grove
- Stewart Avenue
- Stew. Gdns.
- Stew. Ct.
- Stew. Rd.
- Dolphin Gardens West
- Dolphin Gdns. E.
- Dolphin Avenue
- Dolphin Road
- F. View Av.
- Forth View Rd.
- Pentland View
- Pentland View Ct.
- Currie High
- Waulkmill Loan
- Lanark Road West
- Station Loan

Balerno area
- Water of Leith
- Lennox Tower
- Lymphoy
- Malleny Park (Currie R.F.C.)
- Balerno Community High
- Bavelaw Ct.
- Dean Park Annexe
- Main St.
- Lady Rd.
- Bridge Road
- Dean Park Gr.
- Bank Brae
- Braepark Gdns.
- Malleny House
- Sawpit Wood
- Harlaw March Road
- Mansfield Road
- Malleny Avenue
- March Pl.
- March Grove
- Threipmuir Ave.
- Threip. Gdns.
- Threip. Pl.
- Green Rd.
- ...field Crescent
- Horsburgh Gdns.
- Bavelaw Burn
- Harmeny
- Harlaw
- Balleny
- Resr.
- Millgate
- Malleny
- The Lade
- The Green

C 17 **D** 18

46

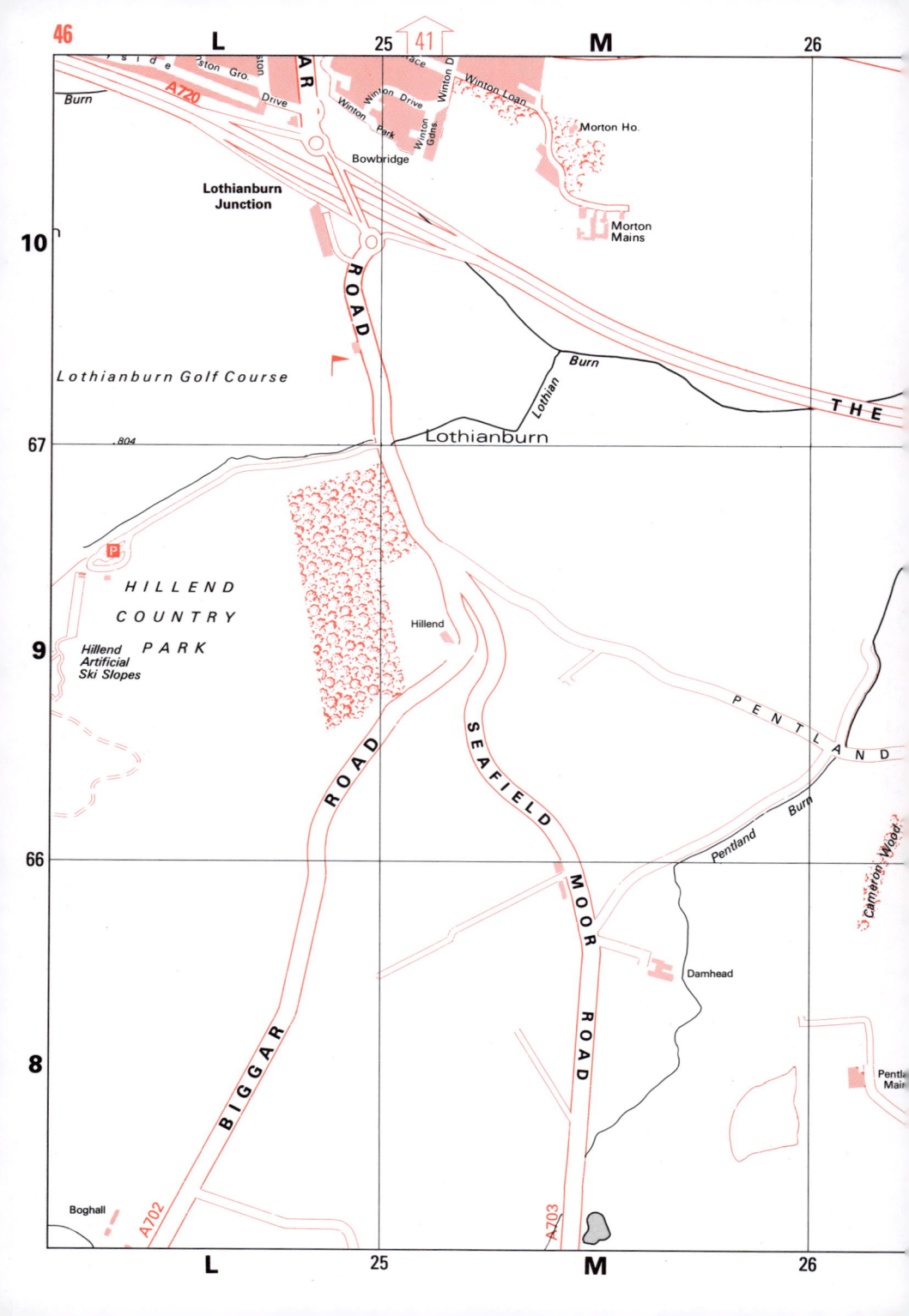

Lothianburn Junction

Bowbridge

Winton Park
Winton Gdns
Winton Drive
Winton Loan

Morton Ho.
Morton Mains

Burn
A720

ROAD

Lothianburn Golf Course
.804

Lothian Burn
Lothianburn

THE

HILLEND COUNTRY PARK
Hillend Artificial Ski Slopes
Hillend

PENTLAND

Pentland Burn

Camerop Wood

Damhead

Pentland Mair

BIGGAR ROAD
SEAFIELD MOOR ROAD

Boghall
A702
A703

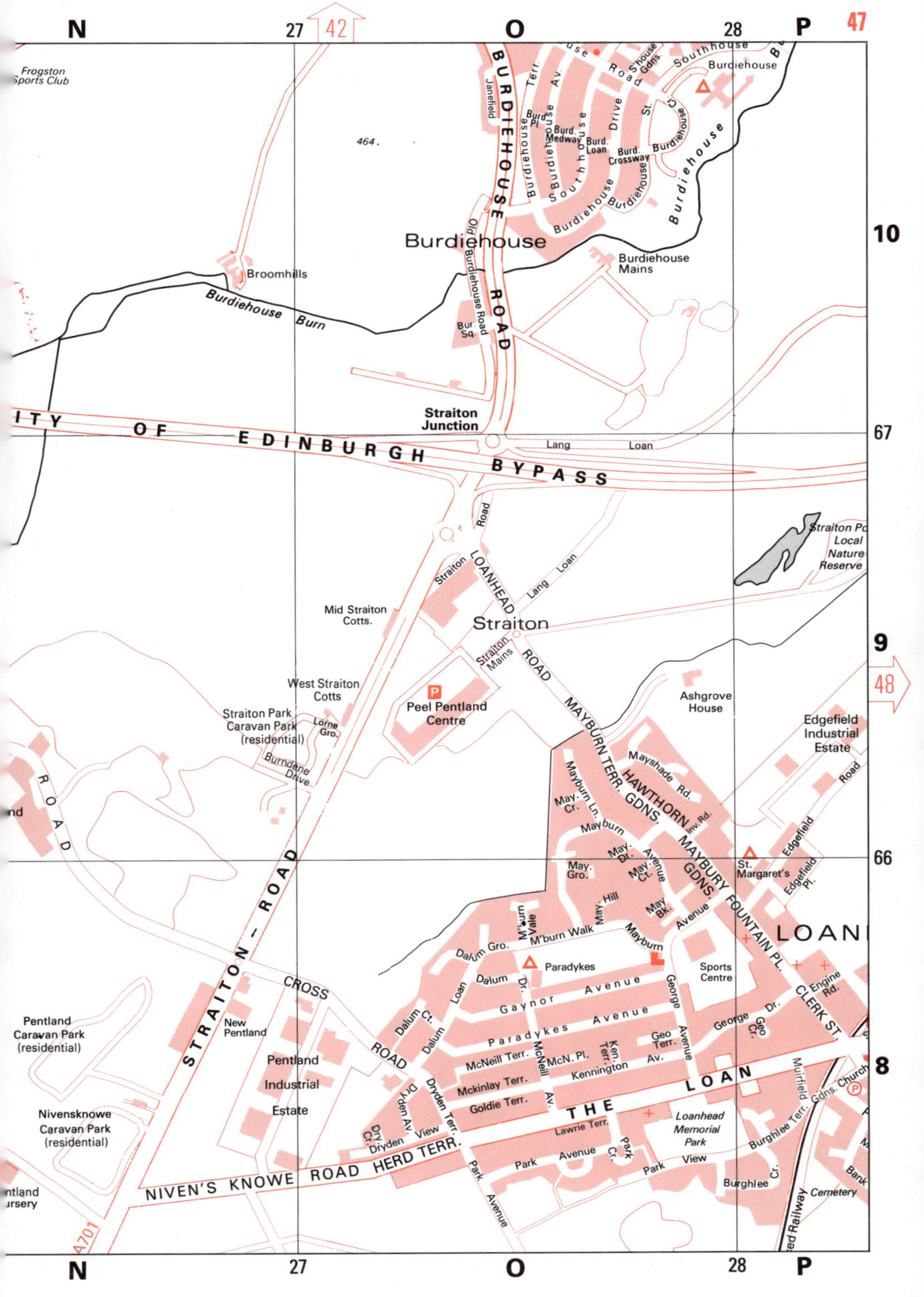
N
27
42
O
28
P
Frogston Sports Club
Burdiehouse
Broomhills
Burdiehouse Burn
Burdiehouse Road
Old Burdiehouse Road
Burdiehouse Mains
464
Straiton Junction
CITY OF EDINBURGH BYPASS
Lang Loan
10
67
Straiton
Loanhead Road
Straiton Road
Straiton Mains
Mid Straiton Cotts.
West Straiton Cotts
Straiton Park Caravan Park (residential)
Lorne Gro.
Burndene Drive
Peel Pentland Centre
Straiton Pond Local Nature Reserve
9
48
Ashgrove House
Edgefield Industrial Estate
Edgefield Road
Mayburn Terr.
Hawthorn Gdns.
Maybury Gdns.
Fountain Pl.
Mayshade Rd.
St. Margaret's
Edgefield Pl.
66
LOANHEAD
Paradykes
Sports Centre
Gaynor Avenue
Paradykes Avenue
George Avenue
Clerk St.
Engine Rd.
Straiton Cross Road
New Pentland
Pentland Industrial Estate
Pentland Caravan Park (residential)
Nivensknowe Caravan Park (residential)
Pentland Nursery
McNeill Terr.
Mckinlay Terr.
Goldie Terr.
Kennington Av.
The Loan
Loanhead Memorial Park
Lawrie Terr.
Park Avenue
Park View
Burghlee Cr.
Burghlee Terr.
Cemetery
Niven's Knowe Road
Herd Terr.
Dryden View
Dryden Terr.
A701
8
N
27
O
28
P

48

P 29 43 Q 30

10

The Murrays
LANG LOAN
LASSWADE ROAD
West Edge Farm
476. Lang
Grimmerton
Straiton
THE CITY OF
Lasswade Junction

Disused Railway

67

Straiton Pond Local Nature Reserve

← 47

Edgefield Toll

Wester Melville

9

Edgefield Industrial Estate
Road
Edgefield
Foundry Lane

Quarry
Wadingburn Lane
LASSWADE RD
Glebe Place
Church Road

66

Loanhead Hospital
WADINGBURN ROAD

LOANHEAD
St. Rd.
Foundry La.
Hunter Terr.
Hunter Av.
Acad.
La.
Hunter Ct.
Fowler Sq.
Braeside Rd.
LASSWADE ROAD
LINDEN PL.
HIGH ST.
Kevock Road
Eskgrove (Veterinary Laboratory)
Kev Cara (res)

8

Church
St Mayfield
Arbuthnot Rd.
Traprain Terr.
Mavis Bank
Cemetery
POLTON ROAD
North Esk
Riding Centre
Polton House
Pentland Rd. Pol
Spor

P 29 Q 30

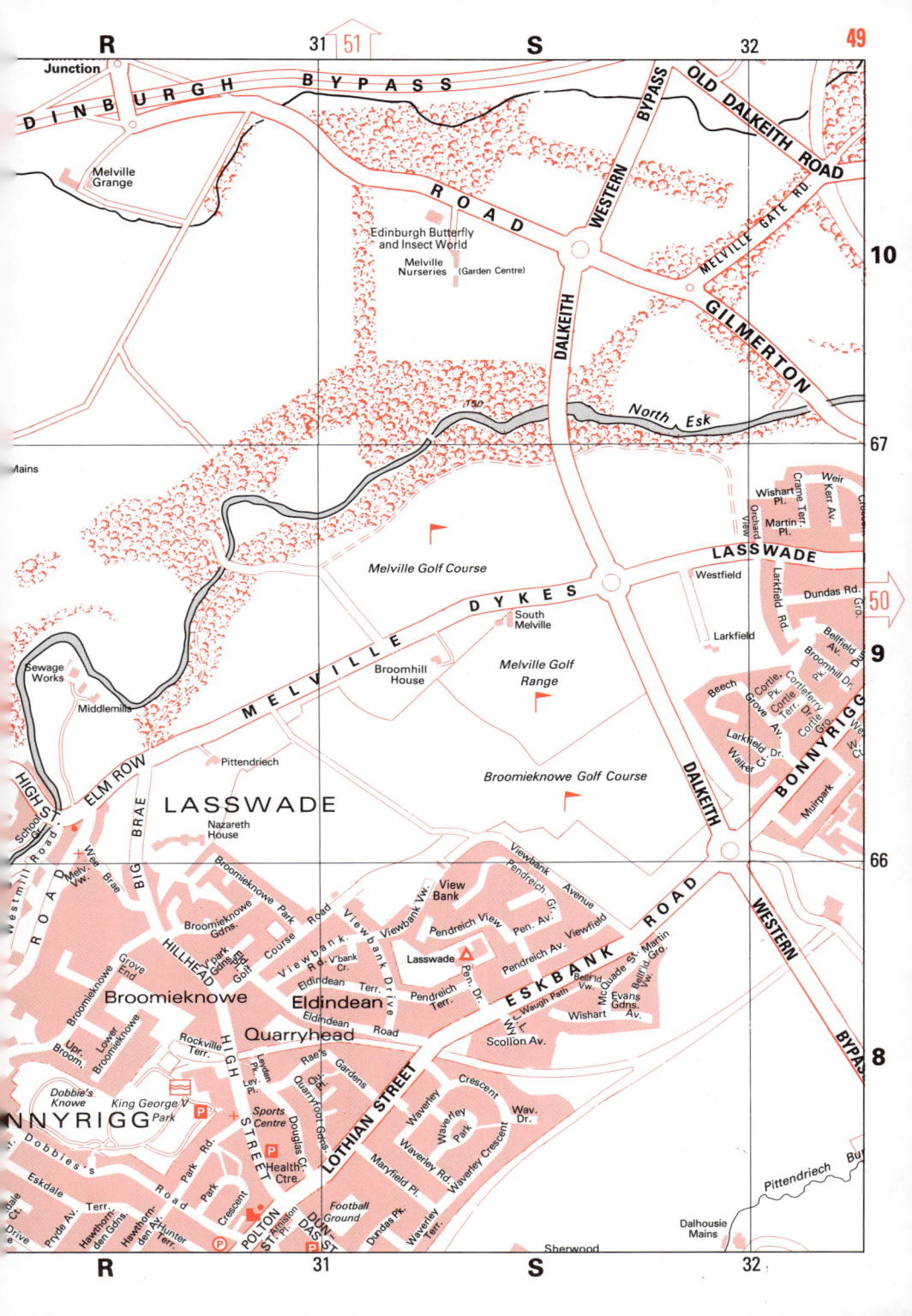

Map page 49 — Lasswade / Bonnyrigg / Broomieknowe area

Grid references: R / S (horizontal), 8–10 (vertical)

Major roads and features:
- EDINBURGH BYPASS (A720) — with Junction at top left, WESTERN BYPASS
- OLD DALKEITH ROAD
- GILMERTON ROAD
- DALKEITH ROAD
- LASSWADE ROAD
- MELVILLE GATE RD.
- MELVILLE DYKES ROAD
- ESKBANK ROAD
- LOTHIAN STREET
- HIGH STREET
- POLTON ROAD
- DUNDAS ST.
- North Esk (river)

Places and landmarks:
- Melville Grange
- Edinburgh Butterfly and Insect World
- Melville Nurseries (Garden Centre)
- Melville Golf Course
- South Melville
- Melville Golf Range
- Broomhill House
- Broomieknowe Golf Course
- Pittendriech
- Nazareth House
- Sewage Works
- Middlemills
- Westfield
- Larkfield
- LASSWADE
- BROOMIEKNOWE
- ELDINDEAN
- QUARRYHEAD
- HILLHEAD
- BONNYRIGG
- Dobbie's Knowe
- King George V Park
- Sports Centre
- Health Ctre.
- Football Ground
- Dalhousie Mains
- Sherwood
- Pittendriech Bu...

Streets (selection):
Wishart Pl., Crane Terr., Weir, Kerr Av., Orchard Vw., Martin Pl., Dundas Rd. Gro., Larkfield Rd., Belfield Av., Broomhill Dr., Cortle Pk., Cemetery Pk., Cortle Terr., Beech Grove Av., Larkfield Dr., Cortle Gro., Walker, Muirpark, McQuade St., Martin Gro., Belfield Ct., Evans Gdns., Wishart Av., Waugh Path, Scollon Av., Waverley Crescent, Waverley Rd., Waverley Park, Wav. Dr., Maryfield Pl., Dundas Pk., Waverley Terr., Viewbank Avenue, Pendreich Gr., Pendreich View, Pen. Av., Viewfield, Pen. Dr., Viewbank Vw., View Bank, Viewbank Dr., V'bank Cr., Eldindean Terr., Pendreich Terr., Eldindean Road, Rae's Gardens, Quarryfoot Gns., Leyden Pk., Douglas Cr., Rockville Terr., Lower Broomieknowe, Upr. Broom, Broomieknowe Gdns., Park Gdns., Grove End, Golf Course Road, Broomieknowe Park, Melv. Vw., Melv. Brae, Westmill Road, School Road, Elm Row, Big Brae, Hawthornden Gdns., Hawthornden Av., Hunter Terr., Pryde Av., Eskdale Ct., Dobbies Terr., Dobbies Drive

10
67
9
66
8
T
U
V
34
33
DALKEITH
ESKBANK
Lugton
Newbattle
Thornybank Industrial Estate
Easthouses Industrial Estate
Kippielaw
Cowden Playing Field
Newbattle Golf Course
Benbught Wood
Club House
Waterfall Park
Bowman's Pool
Ironmills Park
Indoor Bowling
Bus Sta.
King's Park
Football Ground
Newbattle Abbey Hostel
Newbattle Abbey (College)
The Jewel and Esk Valley College
Hardengreen Ind. Est.
Lord Ancrum's Wood
River South Esk
River North Esk
St. Mary's Chapel
St. Davids
St. David's
Mid Lothian D.C. H.Q.
Place Charente
Woodburn
Dalkeith
MUSSELBURGH ROAD
OLD DALKEITH ROAD
EDINBURGH RD.
OLD EDINBURGH RD
HIGH STREET
SOUTH ST.
ST. ANDREW STREET
BUCCLEUCH ST.
LONDON ROAD
LOTHIAN RD
NEWMILLS ROAD
LAUDER ROAD
EASTHOUSES ROAD
ABBEY ROAD
NEWBATTLE ROAD
ESKBANK ROAD
DALHOUSIE ROAD
BONNYRIGG ROAD
LASSWADE ROAD
GILMERTON ROAD
A68
KELSO
A6094
B6392

49

Map: Danderhall area

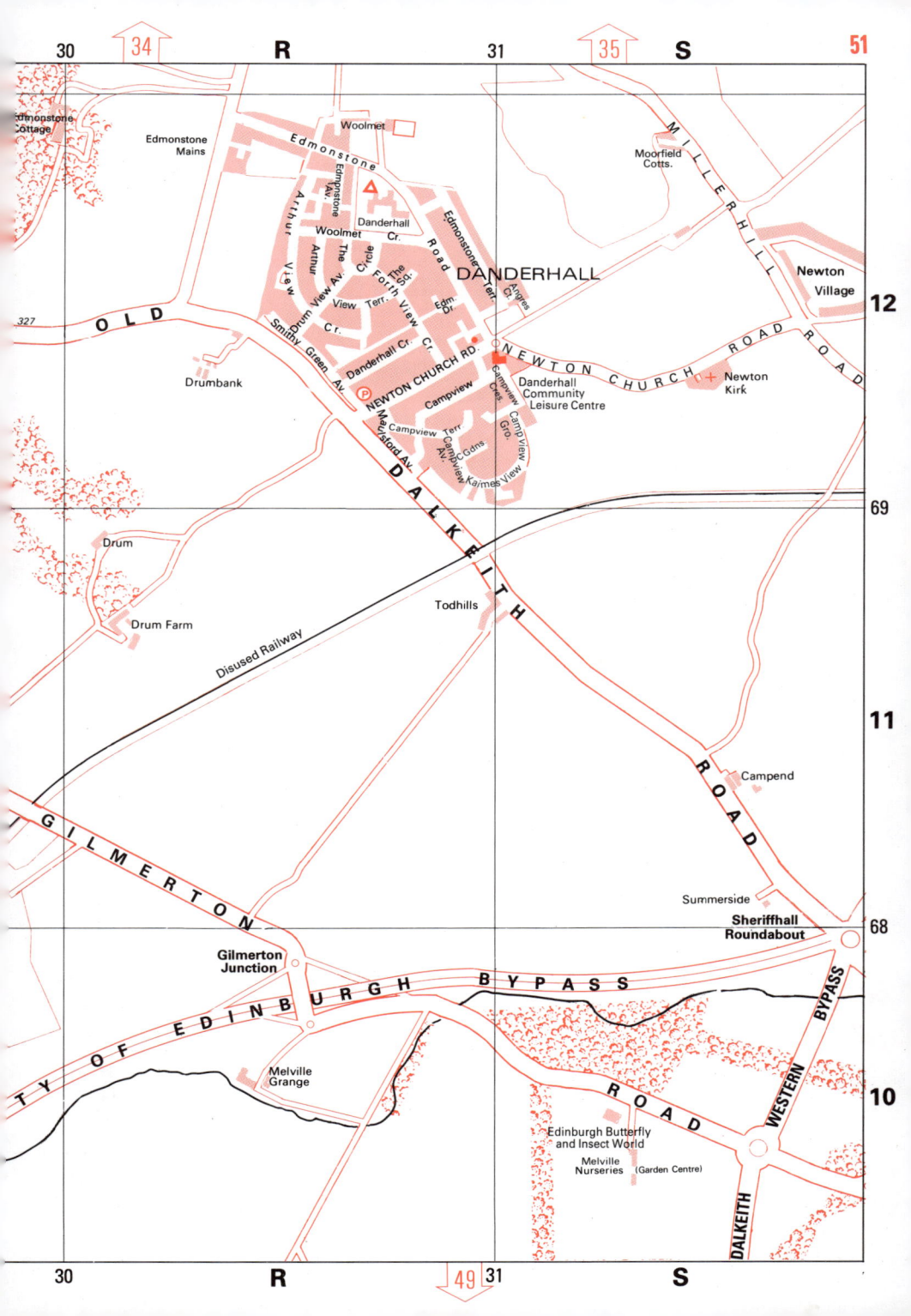

Grid references (top): 30 R 31 S 51 — arrows: 34, 35
Grid references (right): 12, 69, 11, 68, 10
Grid references (bottom): 30 R 31 S — arrow: 49

Labels (north to south, approximate)

- Edmonstone Cottage
- Edmonstone Mains
- Woolmet
- Edmonstone
- Moorfield Cotts.
- MILLERHILL ROAD
- Arthur View
- Woolmet Cr.
- Danderhall Cr.
- Edmonstone Av.
- Edmonstone Terr.
- Edmonstone Road
- DANDERHALL
- Newton Village
- 327
- OLD DALKEITH ROAD
- Drum View Av.
- The Sq.
- Circle
- Forth View Terr.
- Egm Dr.
- Angres Cr.
- Drumbank
- Smithy Green Av.
- Danderhall Cr.
- NEWTON CHURCH RD.
- Campview
- Campview Cres.
- Camp View Gro.
- NEWTON CHURCH ROAD
- Newton Kirk
- Maisford Av.
- Campview Terr.
- Campview Av.
- Camp View Gdns.
- Kaimes View
- Danderhall Community Leisure Centre
- Drum
- Drum Farm
- Disused Railway
- Todhills
- DALKEITH ROAD
- Campend
- Summerside
- Sheriffhall Roundabout
- Gilmerton Junction
- GILMERTON ROAD
- CITY OF EDINBURGH BYPASS
- Melville Grange
- WESTERN BYPASS
- Edinburgh Butterfly and Insect World
- Melville Nurseries (Garden Centre)
- DALKEITH ROAD

INDEX TO STREETS

General Abbreviations

Acad.	Academy	Crem.	Crematorium	Gra.	Grange	Pav.	Pavilion
All.	Alley	Cres.	Crescent	Grd.	Ground	Pk.	Park
Appr.	Approach	Ct.	Court	Grn.	Green	Pl.	Place
Arc.	Arcade	Cts.	Courts	Grns.	Greens	Pt.	Port
Av.	Avenue	Dr.	Drive	Gro.	Grove	Qt.	Quadrant
Bldgs	Buildings	E.	East	H.Q.	Head Quarters	RC	Roman Catholic
Bdy.	Broadway	Esp.	Esplanade	Ho.	House	Rd.	Road
Bk.	Bank	Est.	Estate	Hos.	Houses	S.	South
Bri.	Bridge	Ex.	Exchange	Hosp.	Hospital	Sch.	School
Cem.	Cemetery	FC	Football Club	Ind.	Industrial	Sq.	Square
Cen.	Centre	Fld.	Field	Junct	Junction	St.	Street, Saint
Cft.	Croft	Flds.	Fields	La.	Lane	Sta.	Station
Ch.	Church	Fm.	Farm	Ln.	Loan	Terr.	Terrace
Clo.	Close	G.P.O	General Post Office	Lo.	Lodge	Vw.	View
Coll.	College	Gall.	Gallery	Lwr.	Lower	W.	West
Cor.	Corner	Gdn.	Garden	Mem.	Memorial	Wr.	Wester
Cotts.	Cottages	Gdns.	Gardens	N.	North	Wy.	Way

District Abbreviations

Bal.	Balerno	Jun.G.	Juniper Green	Loanh	Loanhead
Bonny.	Bonnyrigg	Lass.	Lasswade	Muss.	Musselburgh
Dalk.	Dalkeith				

Abbey La.	21	O17	Albany La.	7	M17	Ancrum Bk., Dalk.	50	T9
Abbey Rd., Dalk.	50	T9	Albany St.	7	M17	Ancrum Rd., Dalk.	50	T9
Abbey Strand	7	N16	Albany St. La.	7	M17	Anderson Pl.	12	N19
Abbey St.	21	O17	Albert Pl.	20	N17	Andrew Wd. Ct.	11	M19
Montrose Ter.			Albert Rd.	13	O19	*Newhaven Main St.*		
Abbeyhill	7	N16	Albert St.	12	N18	Angle Pk. Ter.	19	K15
Abbeyhill Cres.	7	N17	Albert Ter.	31	L14	Angres Ct., Dalk.	51	S12
Abbeyhill Sch.	21	O17	Albert Ter., Muss.	25	W15	Ann St.	6	L17
Abbeymount	20	N17	Albion Pl.	21	O17	Annandale St.	20	M17
Abbotsford Ct.	31	L14	Albion Rd.	21	O17	Annandale St. La.	20	N17
Abbotsford Cres.	31	L14	Albion Ter.	21	O17	Annfield	12	M19
Abbotsford Pk.	31	L14	Albyn Pl.	6	L17	Annfield St.	12	M19
Abercorn Av.	21	P16	Alderbank Gdns.	30	K14	Antigua St.	7	N17
Abercorn Cotts.	21	P15	Alderbank Pl.	30	K14	Anworth Vills.	29	G15
The Causeway			Alderbank Ter.	30	K14	*Saughton Rd. N.*		
Abercorn Ct.	21	P16	Alexander Dr.	30	J15	Appin Ter.	30	J14
Abercorn Cres.	21	P16	Alfred Pl.	32	N14	Appleton Twr.	7	M15
Abercorn Dr.	21	P16	Allan Pk. Cres.	30	J14	Arboretum Av.	19	L17
Abercorn Gdns.	22	P17	Allan Pk. Dr.	30	J13	Arboretum Pl.	11	L18
Abercorn Gro.	21	P16	Allan Pk. Gdns.	30	J13	Arboretum Rd.	11	L18
Abercorn Pk.	23	S16	Allan Pk. Ln.	30	J13	Arbuthnot Rd., Loanh.	48	P8
Abercorn Rd.	21	P16	Allan Pk. Rd.	30	J13	Archers Hall	7	N15
Abercorn Ter.	23	R16	Allan St.	19	L17	Archibald Pl.	6	M16
Abercromby Pl.	6	M17	Allan Ter., Dalk.	50	U10	Arden St.	32	M15
Abinger Gdns.	18	J16	Allandale	39	H11	Ardmillan Pl.	31	K15
Academy La., Loanh.	48	P8	*Spylaw St.*			Ardmillan Ter.	31	K15
Academy Pk.	12	O18	Allanfield	20	N17	Ardmillan Ter. La.	31	K15
Academy St.	12	O18	Allermuir Ct.	40	K12	*Ardmillan Ter.*		
Adam Ho.	7	M16	Allermuir Rd.	39	H11	Ardshiel Av.	16	F17
Addiston Cres., Bal.	44	C10	Alloway Ln.	42	O12	Argyle Cres.	23	R16
Addiston Grn., Bal.	44	C10	Almond Av.	14	A16	Argyle Ho.	6	M16
Addiston Mains	36	B12	Almond Bk. Cotts.	8	E18	Argyle Pk. Ter.	20	M15
Addiston Pk., Bal.	44	C10	*Whitehouse Rd.*			Argyle Pl.	20	M15
Adelphi Gro.	22	R16	Almond Ct.	8	E18	Argyle St.	12	N19
Adelphi Pl.	22	R16	Almond Grn.	16	E16	Argyll Ter.	19	L16
Admiral Ter.	31	L15	Almond Rd.	14	A16	Arniston Pl., Bonny.	49	R8
Admiralty St.	12	N19	Almond Sq.	16	E16	Arnott Gdns.	29	H13
Advocates Clo.	7	M16	Almondbank Ter.	30	K14	Arran Pl.	23	S16
High St.			Alnwickhill Ct.	42	N11	Arthur Pl.	12	N18
Affleck Ct.	16	E16	Alnwickhill Cres.	42	N11	*Arthur St.*		
Craigievar Wynd			Alnwickhill Dr.	42	N11	Arthur St.	12	N18
Afton Pl.	11	L19	Alnwickhill Gdns.	42	N11	Arthur St. La.	12	N18
Afton Ter.	11	L19	Alnwickhill Gro.	42	N11	Arthur Vw. Cres., Dalk.	51	R12
Agnew Ter.	12	M19	Alnwickhill Ln.	42	N11	Arthur Vw. Ter., Dalk.	51	R12
Connaught Pl.			Alnwickhill Pk.	42	O11	Arthur's Seat	21	O15
AIDS Hospice	40	J12	Alnwickhill Rd.	42	O11	Asda Shopping Cen.	35	S15
Ainslie Pk. Recreation	10	K19	Alnwickhill Ter.	42	N11	Ashgrove, Muss.	25	W15
Cen.			Alnwickhill Vw.	42	N11	Ashgrove Pl., Muss.	25	W15
Ainslie Pl.	6	L17	Alva Pl.	21	O17	Ashgrove Vw., Muss.	25	W15
Air Terminal	7	M16	Alva St.	6	L16	Ashley Dr.	30	K14
Airlie Pl.	19	M17	Alvanley Ter.	31	L15	Ashley Gdns.	30	K14
Aitchison's Pl.	22	R17	*Whitehouse Ln.*			Ashley Gro.	30	K14
Figgate St.			American Sch., The	19	L16	Ashley Pl.	12	N18
Aitkenhill	30	H14	Anchorfield	12	N19	Ashley Ter.	30	K14
Alan Breck Gdns.	16	F17	*Lindsay Rd.*			Ashton Gro.	33	O13

Name	Page	Grid	Name	Page	Grid	Name	Page	Grid
Ashton Vills.	23	S16	Balgreen Av.	17	H15	Beach La.	22	R17
Brunstane Rd.			Balgreen Gdns.	17	H15	Beach La., Muss.	24	U16
Ashville Ter.	12	O18	Balgreen Pk.	17	H15	Beauchamp Gro.	42	O12
Assembly Hall	6	M16	Balgreen Rd.	17	H15	Beauchamp Rd.	42	O12
Assembly Rooms	6	M16	Balgreen Sch.	30	J15	Beaufort Rd.	32	M14
Assembly St.	12	O19	Ballantyne La.	12	N19	Beaverbank Pl.	11	M18
Astley Ainslie Hosp.	32	M14	Ballantyne Rd.	12	N19	Beaverhall Rd.	12	M18
Atholl Cres.	6	L16	Balm Well Av.	42	O11	Bedford Ct.	6	L17
Atholl Cres. La.	6	L16	Balm Well Gro.	42	O11	Bedford St.	19	L17
Atholl Pl.	6	L16	Balm Well Pk.	42	O11	Bedford Ter.	23	S16
Atholl Ter.	19	L16	Balm Well Ter.	42	O11	Beech Gro. Av., Dalk.	49	S9
Auchingane	40	K11	Balmoral Hotel	7	M16	Beechmount Cres.	17	H16
Auchinleck Ct.	11	M19	Balmoral Pl.	19	L17	Beechmount Pk.	17	H15
Auchinleck's Brae	9	G18	Baltic St.	12	O19	Beechwood Mains	17	H16
Main St.			Bangholm Av.	11	L19	Beechwood Ter.	12	O18
Avenue, The, Currie	37	D12	Bangholm Bower Av.	11	L19	Belfield Av., Muss.	24	U15
Avenue Rd., Dalk.	50	T9	Bangholm Gro.	11	M19	Belfield Ct., Muss.	24	U15
Avenue Vills.	19	K17	Bangholm Ln.	11	M19	Belford Av.	18	K17
Avenue W., Currie	37	D11	Bangholm Pk.	11	L19	Belford Bri.	19	K16
Aviation Ho.	17	G15	Bangholm Pl.	11	L19	Belford Gdns.	18	K17
Avon Gro.	8	E18	Bangholm Rd.	11	L19	Belford Ms.	19	K16
Avon Pl.	8	E18	Bangholm Ter.	11	L18	Belford Pk.	19	K16
Avon Rd.	8	E18	Bangholm Vw.	11	M19	Belford Pl.	19	K16
Avondale Pl.	19	L17	Bangholm Vills.	10	H18	Belford Rd.	19	K16
			Ferry Rd.			Belford Ter.	19	K16
			Bangor Rd.	12	N19	*Belford Rd.*		
Baberton Av., Jun.G.	38	F11	Bank of Scotland	7	M16	Belgrave Cres.	19	K17
Baberton Cres., Jun.G.	39	F11	Bank St.	7	M16	Belgrave Cres. La.	19	K17
Baberton Golf Course	38	E11	Bankhead Av.	28	F14	Belgrave Gdns.	17	G16
Baberton Ln., Jun.G.	38	F11	Bankhead Bdy.	28	E14	Belgrave Ms.	19	K17
Baberton Mains	38	F12	Bankhead Crossway N.	28	E14	Belgrave Pl.	19	K17
Baberton Mains Av.	38	F12	Bankhead Crossway S.	28	E13	Belgrave Rd.	17	G16
Baberton Mains Bk.	38	F12	Bankhead Dr.	28	E14	Belgrave Ter.	17	G15
Baberton Mains Brae	38	F12	Bankhead Ho.	44	B9	Belhaven Pl.	31	L13
Baberton Mains Ct.	39	G12	Bankhead Ln.	28	F13	Belhaven Ter.	31	L13
Baberton Mains Cres.	38	F12	Bankhead Medway	28	F14	Bell Pl.	19	L17
Baberton Mains Dell	38	F12	Bankhead Pl.	28	F14	Bellenden Gdns.	33	P13
Baberton Mains Dr.	38	F12	Bankhead St.	28	F13	Bellevue	20	M17
Baberton Mains Gdns.	38	F12	Bankhead Ter.	28	E13	Bellevue Cres.	20	M17
Baberton Mains Grn.	39	F12	Bankhead Way	28	E13	Bellevue Gdns.	12	M18
Baberton Mains Gro.	38	F12	Barclay Pl.	19	L15	Bellevue Gro.	20	M17
Baberton Mains Hill	38	F12	Barclay Ter.	31	L15	Bellevue La.	20	M17
Baberton Mains Lea	38	F12	Barnballoch Ct.	16	E16	Bellevue Pl.	20	M17
Baberton Mains Ln.	39	G12	*Craigievar Wynd*			Bellevue Rd.	20	M17
Baberton Mains Pk.	38	F12	Barnshot Rd.	39	H11	Bellevue St.	20	M17
Baberton Mains Pl.	38	F12	Barnton Av.	8	F18	Bellevue Ter.	20	M17
Baberton Mains Ri.	38	F12	Barnton Av. W.	8	E18	Bellfield Av., Dalk.	50	T9
Baberton Mains Row	38	F12	Barnton Brae	8	E18	Bellfield Av., Muss.	24	U15
Baberton Mains Ter.	38	F12	Barnton Ct.	8	E18	Bellfield Ct., Muss.	24	U15
Baberton Mains Vw.	39	G12	Barnton Gdns.	9	G18	Bellfield La.	23	R16
Baberton Mains Way	38	F12	Barnton Gro.	8	E18	Bellfield St.	23	R16
Baberton Mains Wd.	38	F12	Barnton Ln.	9	G18	Bellfield Ter.	23	R16
Baberton Mains Wynd	38	F12	Barnton Pk.	9	G18	Bellfield Vw., Bonny.	49	S8
Baberton Pk., Jun.G.	38	F11	Barnton Pk. Av.	8	F18	Bells Brae	19	L16
Baberton Rd.	38	E12	Barnton Pk. Cres.	8	E18	Bell's Mills	19	K16
Baberton Sq., Jun.G.	38	F11	Barnton Pk. Dell	8	F18	*Belford Rd.*		
Back Dean	19	K16	Barnton Pk. Dr.	8	F18	Bell's Wynd	7	M16
Back Row	30	J13	Barnton Pk. Gdns.	8	F18	*High St.*		
Back Sta. Rd.	33	P14	Barnton Pk. Gro.	8	F18	Belmont Av.	18	H16
Peffer St.			Barnton Pk. Pl.	8	F18	Belmont Cres.	18	H16
Backlee	42	O11	Barnton Pk. Vw.	8	F18	Belmont Gdns.	18	H16
Baileyfield Cres.	22	R16	Barnton Pk. Wd.	8	F18	Belmont Pk.	18	H16
Baileyfield Rd.	22	R16	Barnton Thistle Hotel	8	F18	Belmont Rd., Jun.G.	38	F11
Bailie Gro.	23	R15	Barntongate Av.	16	E17	Belmont Ter.	18	H16
Bailie Path	22	R15	Barntongate Dr.	16	E17	Belmont Vw.	18	H16
Bailie Pl.	23	R15	Barntongate Ter.	16	E17	Belvedere Pk.	11	M19
Bailie Ter.	22	R15	Baronscourt Rd.	21	P17	Beresford Av.	11	M19
Baird Av.	18	J15	Baronscourt Ter.	21	P17	Beresford Gdns.	11	M19
Baird Dr.	18	J15	Barony Pl.	7	M17	Beresford Pl.	11	L19
Baird Gdns.	18	J15	Barony St.	7	M17	Beresford Ter.	11	M19
Baird Gro.	18	J15	Barony Ter.	16	F16	Bernard St.	12	O19
Baird Ter.	18	J15	Bath Pl.	23	R17	Bernard Ter.	20	N15
Baker's Pl.	6	L17	Bath Rd.	13	O19	Berry Sq.	22	R17
Kerr St.			Bath St.	22	R16	*Figgate St.*		
Balbirnie Pl.	18	K16	Bath St. La.	22	R16	Beulah, Muss.	25	W15
Balcarres Ct.	31	L13	*Bath St.*			Bevan Lee Ct., Dalk.	50	U10
Balcarres Pl., Muss.	25	V16	Bathfield	12	N19	Big Brae, Bonny.	49	R8
Balcarres Rd., Muss.	25	V16	Bavelaw Gdns., Bal.	45	C9	Biggar Rd.	41	L11
Balcarres St.	31	K13	*Bavelaw Rd.*			Bilston Glen Colliery	47	O8
Balderston Gdns.	33	O13	Bavelaw Rd., Bal.	45	C9	Bingham Av.	22	Q15
Balerno High Sch.	45	C9	Baxter's Bldgs.	7	N16	Bingham Bdy.	34	Q15
Balfour Pl.	12	N18	*Holyrood Rd.*			Bingham Cres.	34	R15
Balfour St.	12	N18	Baxter's Pl.	20	N17	Bingham Crossway	34	Q15
Balfron Ln.	16	F17	*Leith Wk.*			Bingham Dr.	34	R15

Bingham Medway	34	Q15	Boswall Cres.	11	K19	Brickwork Clo.	12	N19	
Bingham Pk.	22	Q15	Boswall Dr.	11	K19	*Giles St.*			
Bingham Pl.	34	Q15	Boswall Gdns.	11	K19	Bridge End	33	O14	
Bingham St.	34	Q15	Boswall Grn.	11	L19	Bridge Pl.	19	L17	
Bingham Way	34	Q15	Boswall Gro.	11	K19	Bridge Rd.	39	H11	
Birch Ct.	16	E17	Boswall Ln.	11	K19	Bridge Rd., Bal.	45	C9	
Birnies Ct.	9	H19	Boswall Ms.	11	K19	Bridge St.	22	R17	
Blackbarony Rd.	33	O13	*Boswall Ln.*			Bridge St., Muss.	25	V15	
Blackchapel Clo.	35	R14	Boswall Parkway	10	K19	Bridge St. La.	22	R17	
Blackchapel Rd.	35	R14	Boswall Pl.	11	K19	Bridgend, Dalk.	50	T10	
Blacket Av.	32	N15	Boswall Quad.	11	K19	Briery Bauks	7	N16	
Blacket Pl.	32	N15	Boswall Rd.	11	L19	Bright Ter.	19	L16	
Blackford Av.	32	M14	Boswall Sq.	11	K19	Brighton Pk.	22	R16	
Blackford Bk.	32	M14	Boswall Ter.	11	K19	Brighton Pl.	22	R16	
Blackford Glen Rd.	32	N13	Bothwell Ho.	21	O17	Brighton St.	7	M16	
Blackford Hill	32	M13	*Bothwell St.*			Bright's Cres.	32	N14	
Blackford Hill Gro.	32	M13	Bothwell St.	21	O17	Bristo Pl.	7	M16	
Blackford Hill Ri.	32	M13	Boundary Rd., Currie	37	D12	Bristo Port	7	M16	
Blackford Hill Vw.	32	M13	Bowbridge	41	L10	Bristo Sq.	7	M16	
Blackford Rd.	32	M14	Bowhill Ter.	11	L18	British Geological Survey	32	M14	
Blackfriars St.	7	N16	Bowie's Clo.	12	O19	(Hydrocarbon Unit)			
Blackhall Sch.	17	H17	Bowling Grn., The	12	N19	British Geological Survey	32	N13	
Blackie Ho.	13	O18	Bowmont Pl.	7	N15	(Murchison Ho.)			
Blackthorn Ct.	16	E17	Boyd's Entry	7	N16	Britwell Cres.	22	P17	
Blackwood Cres.	32	N15	*St. Mary's St.*			Broad Wynd	12	O19	
Blaeberry Gdns.	16	E17	Boy's Brigade Wk.	7	M15	Broombank Ter.	29	F14	
Blair St.	7	M16	Brae Pk.	8	E18	Broomburn Gro.	29	G15	
Blantyre Ter.	31	L14	Brae Pk. Rd.	8	E18	Broomfield Cres.	29	G14	
Bleachfield	12	M18	Braefoot Ter.	33	O13	Broomhall Av.	29	F14	
Blenheim Pl.	7	N17	Braehead Av.	8	E18	Broomhall Bk.	28	F15	
Blinkbonny	38	E10	Braehead Bk.	8	E18	Broomhall Cres.	28	F15	
Blinkbonny Av.	18	J17	Braehead Cres.	8	E18	Broomhall Dr.	28	F15	
Blinkbonny Cres.	18	J17	Braehead Dr.	8	E18	Broomhall Gdns.	28	F15	
Blinkbonny Gdns.	18	J17	Braehead Gro.	8	E18	Broomhall Ln.	28	F15	
Blinkbonny Gro.	18	J17	Braehead Ln.	8	E18	Broomhall Pk.	28	F15	
Blinkbonny Gro. W.	18	J17	Braehead Pk.	8	E18	Broomhall Pl.	28	F15	
Blinkbonny Rd.	18	J17	Braehead Rd.	8	E18	Broomhall Rd.	28	F15	
Blinkbonny Rd., Currie	38	E10	Braehead Row	8	E18	Broomhall Ter.	28	F15	
Blinkbonny Ter.	18	J17	*Braehead Av.*			Broomhill Dr., Dalk.	49	T9	
Bloomiehall Pk.	38	F11	Braehead Vw.	8	E18	Broomhill Ho.	49	S9	
Boat Grn.	11	M18	Braeside Rd., Loanh.	48	P8	Broomhill Pk., Dalk.	49	T9	
Bog Pk. Rd., Muss.	24	U15	Braid Av.	31	L13	Broomhills	42	N10	
Boghall	46	L8	Braid Cres.	31	L13	Broomhouse Av.	29	F14	
Bogsmill Rd.	29	H13	Braid Fm. Rd.	31	L13	Broomhouse Bk.	29	G14	
Bonaly Av.	39	H11	Braid Hills	41	L12	Broomhouse Cotts. E.	29	G14	
Bonaly Brae	39	H11	Braid Hills App.	41	L12	Broomhouse Cotts. W.	29	F14	
Bonaly Cres.	39	H11	Braid Hills Av.	31	L13	Broomhouse Ct.	29	G14	
Bonaly Dr.	39	H11	Braid Hills Cres.	41	L12	Broomhouse Cres.	29	G14	
Bonaly Fm. Cotts.	39	H11	Braid Hills Dr.	32	M13	Broomhouse Dr.	29	F14	
Bonaly Gdns.	39	H11	Braid Hills Golf Course	41	M12	Broomhouse Gdns.	29	F14	
Bonaly Gro.	39	H11	Braid Hills Hotel	41	L12	Broomhouse Gdns. E.	29	G14	
Bonaly Ri.	39	H11	Braid Hills Rd.	41	L12	Broomhouse Gdns. W.	29	F14	
Bonaly Rd.	39	H11	Braid Mt.	41	L12	Broomhouse Gro.	29	G14	
Bonaly Sch.	39	H11	Braid Mt. Crest	41	L12	Broomhouse Ln.	29	G14	
Bonaly Sch. Annexe	39	H12	Braid Mt. Ri.	41	L12	Broomhouse Mkt.	29	G14	
Bonaly Steading	39	H11	Braid Mt. Vw.	41	L12	Broomhouse Medway	29	G14	
Bonaly Ter.	39	H11	Braid Rd.	31	L13	Broomhouse Pk.	29	F14	
Bonaly Twr.	39	H11	Braidburn Cres.	31	L13	Broomhouse Path	29	F14	
Bonaly Wr.	39	H11	Braidburn Ter.	31	L13	Broomhouse Pl. N.	29	F14	
Bonar Pl.	12	M19	Braidburn Valley Pk.	41	L12	Broomhouse Pl. S.	29	G14	
Bonnington Av.	12	M19	Bramble Dr.	16	E17	Broomhouse Rd.	28	F14	
Bonnington Gro.	12	M19	Bramdean Gro.	41	L12	Broomhouse Row	29	G14	
Bonnington Rd.	12	N18	Bramdean Pl.	41	L12	Broomhouse Sch.	29	G14	
Bonnington Rd. La.	12	N18	Bramdean Ri.	41	L12	Broomhouse Sq.	29	G14	
Bonnington Sch.	12	N18	Bramdean Vw.	41	L12	Broomhouse St. N.	29	F14	
Bonnington Sch. Annexe	12	N19	Brampton Lo.	26	B13	Broomhouse St. S.	29	G13	
Bonnington Ter.	12	M19	Brand Dr.	23	R15	Broomhouse Ter.	29	G14	
Bonnyhaugh	12	M18	Brand Gdns.	23	S16	Broomhouse Wk.	29	G14	
Bonnyhaugh La.	12	M18	Brand Pl.	7	N16	Broomhouse Way	29	G14	
Bonnyrigg Rd., Dalk.	50	T9	*Abbeyhill*			Broomhouse Wynd	29	G14	
Boothacre Cotts.	13	P18	Brandfield St.	6	L15	Broomieknowe, Lass.	49	R8	
Seafield Pl.			Brandon St.	20	M17	Broomieknowe Gdns.,	49	R8	
Boothacre La.	13	P18	Brandon Ter.	20	M17	Bonny.			
Boroughloch Bldgs.	7	N15	Brass Rubbing Cen.	7	N16	Broomieknowe Golf	49	S9	
Boroughloch La.			Bread St.	6	L16	Course			
Boroughloch La.	7	N15	Bread St. La.	6	L16	Broomieknowe Pk.,	49	R8	
Boroughloch Sq.	7	N15	Bread Ter.	19	L16	Bonny.			
Boroughloch La.			Breadalbane St.	12	N19	Broomlea Cres.	29	F15	
Boroughmuir Sch.	19	L15	Breadalbane Ter.	19	L16	Broompark Rd.	29	F15	
Borroughmuir R.F.C.	30	J14	Brewery La.	12	N19	Broomside Ter.	29	G15	
Borthwick Pl.	19	K16	*Great Junct. St.*			Broomview Ho.	29	F13	
Borthwick's Clo.	7	M16	Briarbank Ter.	30	K14	Broomyknowe	40	H12	
High St.			Brickfield	22	R17	Brougham Pl.	6	M15	
Boswall Av.	11	K19	*Pipe St.*			Brougham St.	6	M15	

Name	Page	Grid	Name	Page	Grid	Name	Page	Grid
Broughton Mkt.	7	M17	Buckstone Ln.	41	L11	Caiystane Ter.	41	K11
Broughton Pl.	7	M17	Buckstone Ln. E.	41	M11	Caiystane Vw.	41	L11
Broughton Rd.	12	M18	Buckstone Neuk	41	M11	Calder Ct.	28	F13
Broughton Sch. (Primary)	12	M18	Buckstone Pl.	41	L11	Calder Cres.	28	E13
Broughton Sch.	19	K17	Buckstone Ri.	41	M11	Calder Dr.	28	F13
(Secondary)			Buckstone Rd.	41	L11	Calder Gdns.	28	E13
Broughton St.	7	M17	Buckstone Row	41	M12	Calder Gro.	28	F13
Broughton St. La.	7	M17	Buckstone Sch.	41	M11	Calder Pk.	28	F13
Brown St.	7	N16	Buckstone Shaw	41	M11	Calder Pl.	28	F13
Brown St. La.	7	N16	Buckstone Ter.	41	L11	Calder Rd.	36	A12
Brown St.			Buckstone Vw.	41	L12	Calder Rd. Gdns.	29	H14
Brown's Clo.	7	N16	Buckstone Way	41	L12	Calder Vw.	28	E13
Canongate			Buckstone Wd.	41	L11	Caledonian Cres.	19	K15
Brown's Pl.	6	M16	Buckstone Wynd	41	M11	Caledonian Hotel	6	L16
Vennel			Buckstoneside	41	M11	Caledonian Pl.	19	K15
Bruce Gdns., Dalk.	50	U9	*Buckstone Circle*			Caledonian Rd.	19	L15
Bruce St.	31	L13	Bughtlin Dr.	16	E17	Calton Gall.	7	N17
Brunstane Bk.	23	S15	Bughtlin Gdns.	16	E16	Calton Hill	7	N17
Brunstane Cres.	23	S15	Bughtlin Grn.	16	E17	Calton Hill (street)	7	N17
Brunstane Dr.	23	S15	Bughtlin Ln.	16	E16	Calton New Burial Grd.	7	N17
Brunstane Gdns.	23	S16	Bughtlin Mkt.	16	E17	Calton Rd.	7	N16
Brunstane Gdns. Ms.	23	S16	Bughtlin Pk.	16	E16	Cambridge Av.	12	N18
Brunstane Gdns.			Bughtlin Pl.	16	E17	Cambridge Gdns.	12	N18
Brunstane Mill	24	T16	Bull's Clo.	7	N16	Cambridge St.	6	L16
Brunstane Rd.	23	S16	Burdiehouse Av.	42	O10	Cambridge St. La.	6	L16
Brunstane Rd. N.	23	S16	Burdiehouse Burn Pk.	43	O10	Cambusnethan St.	21	O17
Brunstane Rd. S.	23	S15	Burdiehouse Cres.	43	O10	Cameo Cinema	6	L15
Brunstane Sch.	23	S15	Burdiehouse Crossway	42	O10	Cameron Cres.	33	O14
Brunstanegate	23	S15	Burdiehouse Dr.	42	O10	Cameron Ho. Av.	33	O14
Brunston's Clo., Dalk.	50	U10	Burdiehouse Ln.	42	O10	Cameron March	33	O14
Brunswick Pl.	20	N17	Burdiehouse Mains	42	O10	Cameron Pk.	33	O14
Brunswick Rd.	20	N17	Burdiehouse Medway	42	O10	Cameron Smail Rd.,Currie	37	D12
Brunswick St.	20	N17	Burdiehouse Pl.	42	O10	Cameron Ter.	33	O14
Brunswick St. La.	20	N17	Burdiehouse Rd.	42	O10	Cameron Toll	33	O14
Brunswick Ter.	20	N17	Burdiehouse Sch.	43	O10	Cameron Toll Gdns.	33	O14
Brunswick Rd.			Burdiehouse Sq.	42	O10	Cameron Toll Shopping	33	O14
Brunton Gdns.	20	N17	Burdiehouse St.	42	O10	Cen.		
Montgomery St.			Burdiehouse Ter.	42	O10	Cameron Wd.	46	N8
Brunton Hall and	25	V15	Burgess St.	12	O19	Cammo Bk.	16	E17
Theatre, Muss.			Burgess Ter.	33	O14	Cammo Brae	16	E17
Brunton Pl.	7	N17	Burghlee Cres., Loanh.	47	O8	Cammo Cres.	16	E17
Brunton Ter.	7	N17	Burghlee Ter., Loanh.	47	P8	Cammo Gdns.	16	E17
Brunton's Clo.	7	M16	Burghtoft	43	Q11	Cammo Gro.	15	D17
High St.			Burlington St.	12	N19	Cammo Hill	15	D17
Bruntsfield Av.	31	L15	Burnbrae	16	E16	Cammo Home Fm.	15	D17
Bruntsfield Cres.	31	L15	Burndene Dr., Loanh.	47	O9	Cammo Parkway	16	E17
Bruntsfield Gdns.	31	L15	Burnhead Cres.	42	O12	Cammo Pl.	16	E17
Bruntsfield Golf Course	8	F19	Burnhead Gro.	42	O11	Cammo Rd.	15	C17
Bruntsfield Health Cen.	31	L15	Burnhead Ln.	42	O11	Cammo Wk.	15	D17
Bruntsfield Hotel	31	L15	Burnhead Path E.	42	O11	Campbell Av.	18	J16
Bruntsfield Links	31	L15	Burnhead Path W.	42	O11	Campbell Pk.	39	G11
Bruntsfield Pl.	31	L14	Burns St.	12	O18	Campbell Pk. Cres.	39	G11
Bruntsfield Ter.	31	L15	Burnside	16	E16	Campbell Pk. Dr.	39	G11
Bryce Av.	22	Q17	Burnside Pk., Bal.	44	B9	Campbell Rd.	18	J16
Bryce Cres., Currie	38	E11	Bus Sta.	7	M17	Campbell's Clo.	7	N16
Bryce Gdns.	38	E11	Bush St., Muss.	24	U16	*Calton Rd.*		
Bryce Rd.			Bush Ter., Muss.	24	U16	Campie Ct., Muss.	24	U15
Bryce Gro.	22	Q17				*Campie Gdns.*		
Bryce Pl., Currie	38	E11				Campie Gdns., Muss.	24	U15
Bryce Rd., Currie	38	E11	Cables Wynd	12	N19	Campie La., Muss.	24	U15
Bryson Rd.	31	K15	Cables Wynd Ho.	12	N19	Campie Rd., Muss.	24	U15
Buccleuch Pl.	7	M15	Caddell's Row	8	E19	Campie Sch., Muss.	24	U15
Buccleuch St.	7	N15	Cadiz St.	12	O19	Campview, Dalk.	51	R12
Buccleuch St., Dalk.	50	U10	Cadogan Rd.	42	O12	Campview Av., Dalk.	51	R12
Buccleuch Ter.	20	N15	Cadzow Pl.	21	O17	Campview Cres., Dalk.	51	R12
Buchanan St.	12	N18	Caerketton Cotts.	40	K12	Campview Gdns., Dalk.	51	R12
Buckingham Ter.	19	K17	Caerketton Ct.	40	K12	Campview Gro., Dalk.	51	S12
Buckstane Pk.	41	L12	Caerlaverock Ct.	16	E16	Campview Ter., Dalk.	51	R12
Buckstone Av.	41	L11	*Craigievar Wynd*			Camus Av.	41	L11
Buckstone Bk.	41	L12	Cairds Row, Muss.	24	U16	Camus Pk.	41	L11
Buckstone Circle	41	M11	Cairn Hotel	7	N17	Camus Pl. E.	41	L11
Buckstone Clo.	41	M11	Cairngorm Ho.	12	N19	Camus Rd. E.	41	L11
Buckstone Ct.	41	L11	Cairnmuir Rd.	17	G16	Camus Rd. W.	41	L11
Buckstone Cres.	41	L12	Cairnpark Sch.	30	H13	Canaan Home	31	L14
Buckstone Crook	41	M11	Cairns Dr., Bal.	44	B8	Canaan La.	31	L14
Buckstone Dell	41	L12	Cairns Gdns., Bal.	44	B8	Canaan Lo.	31	L14
Buckstone Dr.	41	L12	Caithness Pl.	11	L19	Candlemaker Row	7	M16
Buckstone Gdns.	41	L11	Caiy Stane	41	L11	Candlemaker's Cres.	43	Q11
Buckstone Gate	41	M11	Caiyside	41	L10	Candlemaker's Pk.	43	Q11
Buckstone Grn.	41	L11	Caiystane Av.	41	L11	Canning St.	6	L16
Buckstone Gro.	41	L12	Caiystane Cres.	41	L11	Canning St. La.	6	L16
Buckstone Hill	41	L12	Caiystane Dr.	41	K11	Cannon Wynd	12	N19
Buckstone Howe	41	M11	Caiystane Gdns.	41	K11	Canon La.	20	M17
Buckstone Lea	41	M11	Caiystane Hill	41	L11	Canon St.	20	M17

Canongate	7	N16	Cemetery Rd., Dalk.	50	T10	Claremont Bk.	20	M17
Canongate Tolbooth	7	N16	Central Library	7	M16	Claremont Ct.	12	M18
Canonmills	11	M18	Chalmers Bldgs.	6	L15	Claremont Cres.	12	M18
Canonmills Sch.	20	M17	*Fountainbridge*			Claremont Gdns.	13	O18
Capelaw Ct.	40	K12	Chalmers Clo.	7	M16	Claremont Gro.	12	M18
Capelaw Rd.	39	H11	*High St.*			Claremont Pk.	13	O18
Capital Hotel	17	G17	Chalmers Cres.	32	M15	Claremont Rd.	13	O18
Captain's Dr.	42	O11	Chalmers Hosp.	6	M16	Clarence St.	19	L17
Captain's Ln.	42	O11	Chalmers St.	6	M15	Clarendon Cres.	6	L17
Captain's Rd.	42	O11	Chamberlain Rd.	31	L14	Clarendon Hotel	19	L16
Captain's Row	42	O11	Chambers St.	7	M16	Clarinda Gdns., Dalk.	50	V9
Carberry Pl.	18	K16	Champigny Ct., Muss.	25	W15	Clarinda Ter.	33	O13
Carberry Rd., Muss.	25	V14	Chancelot Cres.	11	M19	Clark Av.	11	M19
Carfrae Gdns.	17	H17	Chancelot Gro.	11	M19	Clark Pl.	11	L19
Carfrae Gro.	17	H17	Chancelot Mills	12	M20	Clark Rd.	11	L19
Carfrae Pk.	17	H17	Chancelot Ter.	11	M19	Claverhouse Dr.	42	O12
Carfrae Rd.	17	H17	Chapel Ct.	34	Q14	Clayhills Gro., Bal.	44	B9
Cargil Ct.	11	L19	Chapel La.	12	O19	Clayhills Pk., Bal.	44	B9
Cargil Ter.	11	L19	*Maritime St.*			Clayknowes Dr., Muss.	24	T15
Cargilfield Sch.	8	E18	Chapel St.	7	N15	Clayknowes Pl., Muss.	24	T15
Carlton Cricket Grd.	32	M14	Chapel Wynd	6	M16	Clayknowes Rd., Muss.	24	U15
Carlton Highland Hotel	7	M16	*West Port*			Clayknowes Way, Muss.	24	U15
Carlton St.	6	L17	Charles St.	7	M16	Clearburn Cres.	33	O14
Carlton Ter.	7	N17	Charles St. La.	7	M16	Clearburn Gdns.	33	O14
Carlton Ter. Brae	7	N17	Charlesfield	7	M16	Clearburn Rd.	33	O14
Carlton Ter. La.	7	N17	*Bristo Sq.*			Cleekim Dr.	34	R14
Carlton Ter. Ms.	7	N17	Charlotte La.	6	L16	Cleekim Rd.	34	R14
Carlyle Pl.	21	O17	Charlotte Sq.	6	L16	Cleikiminfield	35	R14
Carlyle Pl., Muss.	24	V15	Charterhall Gro.	32	M14	Cleikiminrig	35	R14
Carnegie Ct.	7	N16	Charterhall Rd.	32	M13	Clerk St.	20	N15
Carnegie St.	7	N16	Chatterrig	40	K12	Clerk St., Loanh.	47	P8
Carnethy Av.	39	H11	Cherry Tree Av., Currie	45	D10	Clermiston Av.	16	F17
Caroline Gdns.	17	G16	Cherry Tree Cres., Currie	45	D10	Clermiston Cres.	17	F17
Caroline Pk.	10	J20	Cherry Tree Gdns., Currie	45	C10	Clermiston Dr.	16	F17
Caroline Pk. Av.	10	J20	Cherry Tree Gro., Currie	45	C10	Clermiston Gdns.	17	F17
Caroline Pk. Gro.	10	J19	Cherry Tree Ln., Currie	45	D10	Clermiston Grn.	16	F17
Caroline Pl.	17	G16	Cherry Tree Pk., Currie	45	C10	Clermiston Gro.	17	F17
Caroline Ter.	16	F16	Cherry Tree Pl., Currie	45	D10	Clermiston Hill	17	F17
Carpet La.	12	O19	Cherry Tree Vw., Currie	45	D10	Clermiston Ln.	16	F17
Bernard St.			Chessels Ct.	20	N16	Clermiston Medway	17	F17
Carrick Cres., Dalk.	50	V8	Chesser Av.	30	H14	Clermiston Pk.	16	F17
Carrick Knowe Av.	29	G15	Chesser Cotts.	30	H14	Clermiston Pk. (street)	17	F17
Carrick Knowe Dr.	29	G15	*Gorgie Rd.*			Clermiston Pl.	17	F17
Carrick Knowe Gdns.	29	G15	Chesser Cres.	30	J14	Clermiston Rd.	17	G16
Carrick Knowe Golf Course	29	H15	Chesser Gdns.	30	H14	Clermiston Rd. N.	17	G17
			Chesser Gro.	30	H14	Clermiston Sch.	16	F17
Carrick Knowe Gro.	29	G15	Chesser Ho.	30	H14	Clermiston Ter.	17	G16
Carrick Knowe Hill	29	G15	Chesser Ln.	30	H14	Clermiston Vw.	17	G17
Carrick Knowe Ln.	29	G15	Chester St.	19	L16	Clerwood Bk.	16	F16
Carrick Knowe Parkway	29	G15	Chestnut St.	10	K20	Clerwood Gdns.	16	F16
Carrick Knowe Pl.	29	G15	Cheyne St.	19	L17	Clerwood Gro.	17	G16
Carrick Knowe Rd.	29	G14	Christian Cres.	23	R16	Clerwood Ln.	16	F16
Carrick Knowe Sch.	29	G15	Christian Gro.	23	R16	Clerwood Pk.	17	F16
Carrick Knowe Ter.	29	G15	Christian Path	22	R16	Clerwood Pl.	17	G16
Carrington Cres.	10	K18	Christiemiller Av.	22	Q17	Clerwood Row	16	F16
Crewe Rd. S.			Christiemiller Gro.	22	Q17	Clerwood Ter.	17	G16
Carrington Rd.	19	K17	Christiemiller Pl.	22	Q17	Clerwood Vw.	17	G16
Carron Pl.	13	O19	Church Hill	31	L14	Clerwood Way	16	F16
Carrubber's Clo.	7	M16	Church Hill Dr.	31	L14	Clifton Sq.	22	R16
High St.			Church Hill Pl.	31	L14	*Baileyfield Rd.*		
Casselbank St.	12	N18	Church Hill Theatre	31	L14	Clifton Ter.	19	L16
Cassel's La.	12	N18	Church La., Muss.	24	V15	Clinton Rd.	31	L14
Castle	6	M16	Church Rd., Lass.	48	Q9	Clockmill La.	21	O17
Castle Av.	29	F15	Church St., Loanh.	48	P8	Clovenstone Dr.	39	G12
Castle Esp.	6	M16	Circle, The, Dalk.	51	R12	Clovenstone Gdns.	39	G12
Castle Gogar	15	C16	Circus Gdns.	6	L17	Clovenstone Pk.	39	G12
Castle St.	6	L16	Circus La.	6	L17	Clovenstone Rd.	39	G12
Castle Ter.	6	L16	Citadel Ct.	12	N19	Clovenstone Sch.	39	G12
Castle Wynd N.	20	M16	Citadel Pl.	12	N19	Cluny Av.	31	L13
Castle Wynd S.	20	M16	*Commercial St.*			Cluny Dr.	31	L13
Castlebrae Sch.	34	Q14	Citadel St.	12	N19	Cluny Gdns.	31	L13
Castlehill	6	M16	City Art Cen.	7	M16	Cluny Pl.	32	M13
Castlelaw Rd.	39	H11	City Chambers	7	M16	Cluny Ter.	31	L13
Castleview Ho.	33	P13	City Hosp.	40	K12	Clyde St.	20	M17
Cat & Dog Home	13	Q18	City Observatory	7	N17	Coalhill	12	N19
Cathcart Pl.	19	K15	City of Edinburgh Bypass, The	27	D14	Coates Cres.	6	L16
Cathedral La.	7	M17				Coates Gdns.	19	K16
Catherine Pl.	11	M18	Civil Service Sports Grd.	9	H19	Coates Pl.	19	L16
Cattle Rd.	30	H14	Clackmae Gro.	42	N12	Coatfield La.	12	O19
Cauldcoats	35	R13	Clackmae Rd.	42	N12	Cobbinshaw Ho.	28	F13
Causeway, The	21	P15	Clapper La.	33	O13	Cobden Cres.	32	N14
Causewayside	32	N15	Clapperton Pl.	21	O17	Cobden Rd.	32	N14
Cavalry Pk. Dr.	22	P15	*Lower London Rd.*			Cobden Ter.	19	L16
Cedars, The	40	H12	Clarebank Cres.	13	O18	Coburg St.	12	N19

Street	Page	Grid	Street	Page	Grid	Street	Page	Grid
Cochran Pl.	20	M17	Corbiehill Pl.	9	G18	Craighill Gdns.	31	K13
East London St.			Corbiehill Rd.	9	G18	Craighouse Av.	31	K13
Cochran Ter.	20	M17	Corbiehill Ter.	9	G18	Craighouse Gdns.	31	K13
Cochrane Pl.	12	O18	Corbieshot	35	R15	Craighouse Pk.	31	K13
Cockburn	44	A8	Corn Ex.	30	J14	Craighouse Rd.	31	K13
Cockburn Cres., Bal.	44	B8	Cornhill Ter.	13	O18	Craighouse Ter.	31	K13
Cockburn St.	7	M16	Cornwall St.	6	L16	Craigievar Ct.	16	E16
Cockburnhill Rd., Bal.	44	B8	Cornwallis Pl.	20	M17	*Craigievar Wynd*		
Cockit Hat Plantation	40	K11	Coronation Wk.	20	M15	Craigievar Sq.	16	E16
Cocklaw	37	C11	Corporation Bldgs.	12	N19	Craigievar Wynd	16	E16
Cockmylane	41	K11	*Sheriff Brae*			Craiglea Dr.	31	K13
Coffin La.	19	K15	Corrennie Dr.	31	L13	Craiglea Pl.	31	K13
Coillesdene Av.	23	S16	Corrennie Gdns.	31	L13	Craigleith Av. N.	18	J16
Coillesdene Cres.	23	S16	Corslet Cres., Currie	38	E11	Craigleith Av. S.	18	J16
Coillesdene Dr.	23	S16	Corslet Pl., Currie	38	E11	Craigleith Bk.	18	J17
Coillesdene Gdns.	23	S16	Corslet Rd., Currie	38	E11	Craigleith Cres.	18	J17
Coillesdene Gro.	23	S16	Corstorphine Bk. Av.	16	F16	Craigleith Dr.	18	J17
Coillesdene Ho.	23	S16	Corstorphine Bk. Dr.	16	F16	Craigleith Gdns.	18	J17
Coillesdene Ln.	24	T16	Corstorphine Bk. Ter.	16	F16	Craigleith Gro.	18	J17
Coillesdene Ter.	23	S16	Corstorphine High St.	16	F15	Craigleith Hill	18	J17
Coinyie Ho. Clo.	7	N16	Corstorphine Hill	17	G17	Craigleith Hill Av.	18	J17
Blackfriars St.			Corstorphine Hill Av.	17	G16	Craigleith Hill Cres.	18	J17
Colinton Castle	39	H12	Corstorphine Hill Cem.	16	F16	Craigleith Hill Gdns.	18	J17
Colinton Dell	39	H12	Corstorphine Hill Cres.	17	G16	Craigleith Hill Grn.	18	J17
Colinton Gro.	30	J13	Corstorphine Hill Gdns.	17	G16	Craigleith Hill Gro.	18	J17
Colinton Gro. W.	30	J13	Corstorphine Hill Rd.	17	G16	Craigleith Hill Ln.	18	J17
Colinton Mains Cres.	40	J11	Corstorphine Hosp.	17	G15	Craigleith Hill Pk.	18	J17
Colinton Mains Dr.	40	J12	Corstorphine Ho. Av.	17	G15	Craigleith Hill Row	18	J17
Colinton Mains Gdns.	40	J12	Corstorphine Ho. Ter.	17	G15	Craigleith Ri.	18	J16
Colinton Mains Grn.	40	J12	Corstorphine Pk.	29	G15	Craigleith Rd.	18	J17
Colinton Mains Gro.	40	K12	Corstorphine Pk. Gdns.	17	G15	Craigleith Vw.	18	J16
Colinton Mains Ln.	40	J12	Corstorphine Rd.	17	H15	Craiglockhart Av.	30	J13
Colinton Mains Pk.	40	K12	Corstorphine Sch.	16	F15	Craiglockhart Bk.	30	J13
Colinton Mains Pl.	40	K12	Cortleferry Dr., Dalk.	49	T9	Craiglockhart Cres.	30	J13
Colinton Mains Rd.	40	J12	Cortleferry Gro., Dalk.	49	T9	Craiglockhart Dell	30	J13
Colinton Mains Ter.	40	K12	Cortleferry Pk., Dalk.	49	T9	Craiglockhart Dell Rd.	30	J13
Colinton Rd.	30	J13	Cortleferry Ter., Dalk.	49	T9	Craiglockhart Dr. N.	30	J13
Colinton Sch.	40	J12	Corunna Pl.	12	N19	Craiglockhart Dr. S.	30	J13
College Wynd	7	M16	Cottage Grn.	8	E18	Craiglockhart Gdns.	30	J13
Cowgate			Cottage Homes	40	H11	Craiglockhart Golf Course	30	K13
Collins Pl.	19	L17	Cottage La., Muss.	25	W15	Craiglockhart Gro.	40	J12
Colmestone Gate	41	L11	Cottage Pk.	17	H17	Craiglockhart Ln.	30	J13
Coltbridge Av.	18	J16	County Hall	7	M16	Craiglockhart Pk.	30	J13
Coltbridge Gdns.	18	K16	Couper St.	12	N19	Craiglockhart Pl.	30	J13
Coltbridge Ter.	18	J16	Cowan Rd.	30	K14	Craiglockhart Quad.	30	J13
Coltbridge Vale	18	K16	Cowan's Clo.	7	N15	Craiglockhart Rd.	40	J12
Columba Av.	18	H17	Cowden Cres., Dalk.	50	V10	Craiglockhart Rd. N.	30	J13
Columba Rd.	18	H17	Cowden Grn., Dalk.	50	V10	Craiglockhart Sch.	31	K14
Colville Pl.	19	L17	Cowden La., Dalk.	50	V10	Craiglockhart Sports Cen.	30	J13
Comely Bk.	19	K17	Cowden Pk., Dalk.	50	V10	Craiglockhart Ter.	30	K14
Comely Bk. Av.	19	L17	Cowden Ter., Dalk.	50	V10	Craiglockhart Vw.	30	J13
Comely Bk. Cem.	18	K17	Cowden Vw., Dalk.	50	V10	Craigmillar Castle	34	P13
Comely Bk. Gro.	19	K17	Cowgate	7	M16	Craigmillar Castle Av.	34	P14
Comely Bk. Pl.	19	L17	Cowgatehead	20	M16	Craigmillar Castle Gdns.	33	P14
Comely Bk. Pl. Ms.	19	L17	Cowpits Rd., Muss.	25	W13	Craigmillar Castle Gro.	34	P14
Comely Bk. Rd.	19	K17	Coxfield	30	J14	Craigmillar Castle Ln.	34	Q14
Comely Bk. Row	19	L17	Craig Ho.	30	K13	Craigmillar Castle Rd.	34	P14
Comely Bk. St.	19	K17	*Thomas Clouston Clinic*			Craigmillar Castle Ter.	34	P14
Comely Bk. Ter.	19	L17	Craig Pk. Shopping Cen.	35	S14	Craigmillar Ct.	33	P14
Comely Grn. Cres.	21	O17	Craigcrook Av.	17	H17	Craigmillar Pk.	34	P14
Comely Grn. Pl.	21	O17	Craigcrook Castle	17	H17	Craigmillar Pk. (street)	33	N14
Comiston Dr.	31	K13	Craigcrook Gdns.	18	H17	Craigmillar Pk. Golf Course	32	N13
Comiston Gdns.	31	L13	Craigcrook Gro.	18	H17			
Comiston Gro.	41	L12	Craigcrook Pk.	17	H17	Craigmillar Sch.	34	Q14
Comiston Pl.	31	L13	Craigcrook Pl.	18	H17	Craigmount App.	16	F16
Comiston Ri.	41	L12	Craigcrook Rd.	17	G17	Craigmount Av.	16	F16
Comiston Rd.	41	L12	Craigcrook Sq.	17	H17	Craigmount Av. N.	16	E17
Comiston Sch.	40	K11	Craigcrook Ter.	18	H17	Craigmount Bk.	16	E17
Comiston Springs Av.	41	L12	Craigend Pk.	33	P13	Craigmount Bk. W.	16	E17
Comiston Ter.	31	L13	Craigentinny Av.	22	Q17	*Craigmount Av. N.*		
Comiston Vw.	41	L12	Craigentinny Av. N.	13	P18	Craigmount Brae	16	E17
Commercial St.	12	N19	Craigentinny Cres.	22	Q17	Craigmount Ct.	16	E17
Connaught Pl.	12	M19	Craigentinny Golf Course	13	P18	Craigmount Cres.	16	E16
Considine Gdns.	21	P17	Craigentinny Gro.	22	Q17	Craigmount Dr.	16	E16
Considine Ter.	21	P17	Craigentinny Pl.	22	Q17	Craigmount Gdns.	16	E16
Constitution Pl.	12	O19	Craigentinny Rd.	22	P17	Craigmount Gro.	16	E16
Constitution St.	12	O19	Craigentinny Sch.	22	P17	Craigmount Gro. N.	16	E16
Convening Ct.	19	K17	Craighall Av.	11	M19	Craigmount Hill	16	E17
Dean Path			Craighall Bk.	11	M19	Craigmount Ln.	16	E16
Corbiehill Av.	9	H18	Craighall Cres.	11	M19	Craigmount Pk.	16	E16
Corbiehill Cres.	9	G18	Craighall Gdns.	11	M19	Craigmount Pl.	16	E16
Corbiehill Gdns.	9	H18	Craighall Rd.	11	M19	Craigmount Sch.	16	E16
Corbiehill Gro.	9	H18	Craighall Ter.	11	M19	Craigmount Ter.	16	E16
Corbiehill Pk.	9	G18	Craighall Ter., Muss.	25	W15	Craigmount Vw.	16	E16

Street	Page	Grid	Street	Page	Grid	Street	Page	Grid
Craigmount Way	16	F17	Cumin Pl.	32	N15	Dean Path Bldgs.	19	K17
Craigmuir Sch.	10	J19	Cumlodden Av.	18	J16	*Dean Path*		
Craigour Av.	43	Q12	Cumnor Cres.	33	O13	Dean St.	6	L17
Craigour Cres.	43	Q12	Cunningham Pl.	12	N18	Dean Ter.	6	L17
Craigour Dr.	43	Q12	Currie High Sch.	37	D10	Deanery Clo.	21	P17
Craigour Gdns.	43	Q12	Curriehill Castle Dr.,	45	C10	Deanhaugh St.	6	L17
Craigour Grn.	43	P12	Currie			Deanpark Av., Bal.	44	C9
Craigour Gro.	43	Q12	Curriehill Rd., Currie	37	C12	Deanpark Bk., Bal.	45	C9
Craigour Ln.	43	Q12	Curriehill Sch.	38	E10	Deanpark Brae, Bal.	45	C9
Craigour Pl.	43	P12	Curriehill Sta.	37	D11	Deanpark Ct., Bal.	44	B9
Craigour Ter.	43	Q12	Currievale	37	D11	Deanpark Cres., Bal.	45	C9
Craigroyston Sch.	10	J18	Currievale Dr., Currie	37	D10	Deanpark Gdns., Bal.	45	C9
Craigs Av.	16	E15	Currievale Pk., Currie	37	D10	Deanpark Gro., Bal.	45	C9
Craigs Bk.	16	E16	Currievale Pk. Gro.,	37	D10	Deanpark Pl., Bal.	44	C9
Craigs Cres.	16	E16	Currie			Deanpark Sq., Bal.	44	C9
Craigs Dr.	16	E16	Custom Ho.	12	O19	Dechmont Rd.	16	E16
Craigs Gdns.	16	E16				Delhaig	30	J14
Craigs Gro.	16	F16				Dell Rd.	39	H12
Craigs Ln.	16	F16	Daiches Braes	23	S15	Delta Pl., Muss.	25	V14
Craigs Pk.	16	E16	Dairsie Pl.	21	O17	Denham Grn. Av.	11	L19
Craigs Rd.	16	E16	*Stanley Pl.*			Denham Grn. Pl.	11	L19
Crame Ter., Dalk.	49	T9	Daisy Ter.	30	K15	Denham Grn. Ter.	11	L19
Cramond Av.	8	E19	*Merchiston Gro.*			Derby St.	11	M19
Cramond Bk.	8	E19	Dalgety Av.	21	O17	Devon Pl.	19	K16
Cramond Brig Toll	8	D18	Dalgety Rd.	21	O17	Dewar Pl.	6	L16
Cramond Cres.	8	E19	Dalgety St.	21	O17	Dewar Pl. La.	6	L16
Cramond Gdns.	8	E19	Dalhousie Rd., Dalk.	50	T9	Dick Pl.	32	M14
Cramond Glebe Gdns.	8	F19	Dalhousie Ter.	31	L13	Dickson St.	12	N18
Cramond Glebe Rd.	8	E19	Dalkeith Rd.	32	N15	Dickson's Clo.	7	M16
Cramond Glebe Ter.	8	E19	Dalkeith Sch., Dalk.	50	U10	*High St.*		
Cramond Grn.	8	E19	Dalkeith St.	23	S16	Dickson's Ct.	7	M16
Cramond Gro.	8	E19	Dalkeith Western	49	S10	*Bristo Sq.*		
Cramond Ho.	8	F19	Bypass, Dalk.			Dinmont Dr.	33	O13
Cramond Pk.	8	E19	Dalmahoy Country Club	36	A11	Distillery La.	19	K15
Cramond Pl.	8	F19	Dalmahoy Cres., Bal.	44	C10	*Dalry Rd.*		
Cramond Regis	8	E18	Dalmahoy Golf Course	36	A11	Dobbie's Rd., Bonny.	49	R8
Cramond Rd. N.	8	E19	Dalmahoy Mains	36	A10	Dochart Dr.	16	F17
Cramond Rd. S.	9	F19	Dalmahoy Rd., Newbridge	26	A13	Dock Pl.	12	N19
Cramond Sch.	8	E19	Dalmeny Pk.	12	N18	Dock St.	12	N19
Cramond Sch. Annexe	8	E19	Dalmeny Rd.	12	M19	Dolphin Av., Currie	37	D10
Cramond Ter.	8	E19	Dalmeny St.	12	N18	Dolphin Gdns. E., Currie	37	D10
Cramond Twr.	8	F19	Dalry Cem.	19	K15	Dolphin Gdns. W., Currie	37	D10
Cramond Vale	8	E19	Dalry Pl.	19	L16	Dolphin Rd., Currie	37	D10
Cranston St.	7	N16	Dalry Rd.	19	K15	Dominion Cinema	31	L14
Crarae Av.	18	J16	Dalry Rd. La.	19	K15	Donaldson's Sch.	19	K16
Craufurdland	8	E18	*Dalry Rd.*			(for the deaf)		
Crawford Bri.	21	O17	Dalry Sch.	19	K15	Dorset Pl.	19	L15
Bothwell St.			Dalrymple Cres.	32	N14	Double Dykes, Muss.	25	V14
Crawfurd Rd.	33	N14	Dalrymple Cres., Muss.	24	U15	Double Hedges Pk.	33	O13
Crescent, The (Gorgie)	30	N14	Dalrymple Ln., Muss.	25	V15	Double Hedges Rd.	33	O13
Gorgie Rd.			Dalum Ct., Loanh.	47	O8	Douglas Cres.	19	K16
Crescent, The	31	L13	Dalum Dr., Loanh.	47	O8	Douglas Cres., Bonny.	49	R8
(Morningside)			Dalum Grn., Loanh.	47	O8	Douglas Gdns.	19	K16
Crewe Bk.	10	K19	Dalum Ln., Loanh.	47	O8	Douglas Gdns. Ms.	19	K16
Crewe Cres.	10	J19	Dalziel Pl.	7	N17	Douglas Ter.	19	L16
Crewe Gro.	10	K19	*London Rd.*			Doune Ter.	6	L17
Crewe Ln.	10	J19	Damhead	46	M8	Dovecot Gro.	29	H13
Crewe Path	10	J19	Damside	19	K16	Dovecot Ln.	29	H13
Crewe Pl.	10	J19	Danderhall Community	51	S12	Dovecot Pk.	29	H13
Crewe Rd. Gdns.	10	J19	Leisure Cen.			Dovecot Pk. (street)	39	H12
Crewe Rd. N.	10	J19	Danderhall Cres., Dalk.	51	R12	Dovecot Rd.	29	F15
Crewe Rd. S.	10	K18	Danderhall Sch.	51	R12	Dowie's Mill La.	8	D18
Crewe Rd. W.	10	J19	Danube St.	6	L17	Downfield Pl.	19	K15
Crewe Ter.	10	J19	Darling's Bldgs.	19	L17	Downie Gro.	17	G15
Crewe Toll	10	J18	*Saunders St.*			Downie Pl., Muss.	25	V15
Crichton St.	7	M16	Darnaway St.	6	L17	Downie Ter.	17	G15
Crighton Pl.	12	N18	Darnell Rd.	11	L19	Dreghorn Av.	40	K11
Croall Pl.	20	N17	David Hume Twr.	7	M15	Dreghorn Dr.	40	K11
Croft St., Dalk.	50	U10	Davidson Gdns.	9	H18	Dreghorn Gdns.	40	K11
Croft-an-righ	21	N17	Davidson Pk.	10	J18	Dreghorn Gro.	40	K11
Cromwell Pl.	12	N19	Davidson Rd.	10	J18	Dreghorn Link	40	K11
Crookston Rd., Muss.	25	W14	Davidson's Mains Pk.	9	G18	Dreghorn Ln.	39	H11
Cross Rd., Loanh.	47	O8	Davidson's Mains Sch.	9	G18	Dreghorn Pk.	40	J11
Crosswood Av., Bal.	44	B8	Davie St.	7	N16	Dreghorn Pl.	40	K11
Crosswood Cres., Bal.	44	B8	Dean Bk. La.	19	L17	Drum Av.	43	Q11
Crown Office Bldgs.	7	N17	Dean Bri.	6	L17	Drum Brae Av.	16	F17
Crown Pl.	12	N18	Dean Cem.	19	K17	Drum Brae Cres.	16	F17
Crown St.	12	N18	Dean Cen.	19	K16	Drum Brae Dr.	16	F17
Cuddy La.	31	L14	Dean Pk. Cres.	19	L17	Drum Brae Gdns.	16	F16
Cumberland St.	6	M17	Dean Pk. Ms.	6	L17	Drum Brae Gro.	16	F16
Cumberland St. Lane, N.E.	20	M17	Dean Pk. Sch.	44	C8	Drum Brae Neuk	16	F16
Cumberland St. Lane, N.W.	20	M17	Dean Pk. Sch. Annexe	45	C9	Drum Brae N.	16	E17
Cumberland St. Lane, S.E.	20	M17	Dean Pk. St.	6	L17	Drum Brae Pk.	16	F17
Cumberland St. Lane, S.W.	6	M17	Dean Path	19	K17	Drum Brae Pk. (street)	16	F16

Name	Page	Grid
Drum Brae Pk. App.	16	F17
Drum Brae Pk.		
Drum Brae Pl.	16	F16
Drum Brae S.	16	F16
Drum Brae Ter.	16	F17
Drum Brae Wk.	16	E17
Drum Cotts.	43	Q11
Drum Cres.	43	Q11
Drum Fm.	51	R11
Drum Pk. Yd.	21	O17
Albion Rd.		
Drum Pl.	43	Q11
Drum St.	43	Q11
Drum Ter.	21	O17
Drum Vw. Av., Dalk.	51	R12
Drumbrae Sch.	16	F16
Drumdryan St.	6	L15
Drummond Pl.	6	M17
Drummond Sch.	20	M17
Drummond St.	7	N16
Drumsheugh Gdns.	6	L16
Drumsheugh Pl.	6	L16
Queensferry St.		
Dryden Av., Loanh.	47	O8
Dryden Cres., Loanh.	47	O8
Dryden Gdns.	12	N18
Dryden Pl.	32	N15
Dryden St.	12	N18
Dryden Ter.	12	N18
Dryden Ter., Loanh.	47	O8
Dryden Vw., Loanh.	47	O8
Drylaw Av.	18	J17
Drylaw Cres.	18	H17
Drylaw Gdns.	10	H18
Drylaw Grn.	18	H17
Drylaw Gro.	18	H17
Drylaw Ho.	10	H18
Drylaw Ho. Gdns.	10	H18
Drylaw Ho. Paddock	10	H18
Drylaw Sch.	10	J18
Duart Cres.	16	F17
Dublin Meuse	6	M17
Dublin St.	7	M17
Dublin St. La.	7	M17
Dublin St. La. S.	7	M17
Duddingston Av.	22	Q15
Duddingston Cres.	22	R15
Duddingston Gdns. N.	22	Q16
Duddingston Gdns. S.	22	Q15
Duddingston Golf Course	22	Q15
Duddingston Gro. E.	22	Q16
Duddingston Gro. W.	22	Q15
Duddingston Ln.	22	Q15
Duddingston Mains Cotts.	22	R15
Milton Rd.		
Duddingston Mills Cotts.	22	Q16
Duddingston Pk.	22	R16
Duddingston Pk. S.	34	R15
Duddingston Ri.	22	Q16
Duddingston Rd.	22	Q16
Duddingston Rd. W.	22	P15
Duddingston Row	22	Q15
Duddingston Sch.	22	Q16
Duddingston Sq. E.	22	Q16
Duddingston Sq. W.	22	Q16
Duddingston Vw.	22	Q15
Duddingston Village	21	P15
Duddingston Yards	34	R15
Duddingston Pk. S.		
Dudley Av.	12	M19
Dudley Av. S.	12	N19
Dudley Bk.	12	M19
Dudley Cres.	12	M19
Dudley Gdns.	12	M19
Dudley Gro.	12	M19
Dudley Ter.	12	M19
Duff St.	19	K15
Duff St. La.	19	K15
Duke Pl.	7	O18
Duke St.	12	O18
Duke St., Dalk.	50	U10
Duke's Wk.	21	O17
Dumbiedykes Rd.	7	N16
Dumbryden Dr.	29	G13
Dumbryden Gdns.	29	G13
Dumbryden Gro.	29	G13
Dumbryden Rd.	29	G13
Dumbryden Sch.	29	G13
Dun-ard Gdns.	32	M14
Dunbar St.	6	L16
Duncan Pl.	12	O18
Duncan St.	32	N14
Duncans Gait	29	H13
Longstone Gro.		
Dundas Cres., Dalk.	50	T9
Dundas Gro., Dalk.	50	T9
Dundas Pk., Bonny.	49	S8
Dundas Rd., Dalk.	50	T9
Dundas St.	6	M17
Dundas St., Bonny.	49	R8
Dundee St.	19	K15
Dundee Ter.	19	K15
Dundonald St.	20	M17
Dundrennan Cotts.	33	P13
Dunedin Sch.	33	O13
Dunedin St.	12	M18
Dunlop's Ct.	6	M16
Grassmarket		
Dunollie Ct.	16	E16
Craigievar Wynd		
Dunrobin Pl.	19	L17
Dunsmuir Ct.	16	F15
Dunsyre Ho.	28	F13
Dunvegan Ct.	8	E18
Durar Dr.	16	F17
Durham Av.	22	Q16
Durham Dr.	22	R15
Durham Gdns. N.	22	R16
Durham Gdns. S.	22	R15
Durham Gro.	22	R16
Durham Pl.	20	M17
Dundas St.		
Durham Pl. E.	22	R16
Durham Pl. La.	22	R16
Durham Pl. W.	22	Q16
Durham Rd.	22	R16
Durham Rd. S.	22	R15
Durham Sq.	22	Q16
Durham Ter.	22	Q16
Durward Gro.	33	O13
Earl Grey St.	6	L16
Earl Haig Gdns.	11	L19
Earl Haig Homes	29	H14
Earlston Pl.	21	O17
East Adam St.	7	N16
East Barnton Av.	9	G18
East Barnton Gdns.	9	G18
East Brighton Cres.	22	R16
East Broughton Pl.	20	M17
Broughton Pl.		
East Caiystane Pl.	41	L11
East Caiystane Rd.	41	L11
East Castle Rd.	31	L15
East Champanyie	32	N14
East Clapperfield	33	O13
East Claremont St.	20	M17
East Comiston	41	L11
East Ct.	18	J17
East Craigie	8	D19
East Craigs	16	E16
East Craigs Fm.	16	E16
East Craigs Sch.	16	E16
East Cft.	26	A13
East Cromwell St.	12	N19
East Crosscauseway	7	N15
East Fm. of Gilmerton	43	Q11
East Fettes Av.	11	K18
East Fountainbridge	6	L16
East Hannahfield, Bal.	44	B9
East Hermiston	28	E13
East Hermitage Pl.	12	O18
East Lillypot	11	L19
East London St.	20	M17
East Mkt. St.	7	N16
East Mayfield	32	N14
East Newington Pl.	32	N15
East Norton Pl.	21	N17
East Parkside	20	N15
East Pilton Pk.	10	K19
East Preston St.	20	N15
East Preston St. La.	20	N15
East Preston St.		
East Princes St. Gdns.	6	M16
East Restalrig Ter.	12	O18
East Savile Rd.	32	N14
East Sciennes St.	20	N15
East Silvermills La.	19	L17
East Suffolk Rd.	33	O14
East Telferton	22	Q17
East Trinity Rd.	11	L19
East Way, The	22	Q16
Easter Belmont Rd.	18	H16
Easter Craiglockhart Hill	30	K13
Easter Currie Ct., Currie	38	E10
Easter Currie Cres., Currie	38	E11
Easter Currie Pl., Currie	38	E11
Easter Currie Ter., Currie	38	E10
Easter Drylaw Av.	10	J18
Easter Drylaw Bk.	10	J18
Easter Drylaw Dr.	10	J18
Easter Drylaw Gdns.	10	J18
Easter Drylaw Gro.	10	J18
Easter Drylaw Ln.	10	J18
Easter Drylaw Pl.	10	J18
Easter Drylaw Vw.	10	J18
Easter Drylaw Way	10	J18
Easter Hatton Mains	36	A12
Easter Haugh	40	K12
Easter Norton	26	B15
Easter Pk. Dr.	9	G18
Easter Rd.	21	N17
Easter Steil	31	K13
Easter Warriston	11	M18
Eastern Cem.	12	O18
Eastern General Hosp.	13	P18
Eastfield	24	T16
Eastfield Gdns.	24	T16
Eastfield Pl.	24	T16
Eastfield Rd.	14	B15
Easthouses Ind. Est., Dalk.	50	V8
Easthouses Pl., Dalk.	50	V8
Easthouses Rd., Dalk.	50	V9
Easthouses Way, Dalk.	50	V9
Eden La.	31	L14
Eden Ter.	31	L14
Newbattle Ter.		
Edenhall Bk., Muss.	25	W15
Edenhall Cres., Muss.	25	W15
Edenhall Hosp., Muss.	25	W14
Edenhall Rd., Muss.	25	W15
Edgefield	48	P9
Edgefield Ind. Est.	47	P9
Edgefield Pl., Loanh.	47	P8
Edgefield Rd., Loanh.	47	P9
Edgefield Toll	48	P9
Edina Pl.	21	O17
Edina St.	20	N17
Edinburgh Acad. (Primary)	11	L18
Edinburgh Acad. (Secondary)	19	L17
Edinburgh Acad. New Fld.	11	K18
Edinburgh Acad. Sports Grd.	19	L17
Edinburgh Airport	14	A16
Edinburgh Butterfly and Insect World	51	S10
Edinburgh Coll. of Art	6	M16
Edinburgh Dental Hosp. & Sch.	7	M16
Edinburgh Dungeon	6	L16
Edinburgh Exhibition and Trade Cen.	14	A16
Edinburgh Experience	7	N17
Edinburgh Pk.	27	D15
Edinburgh Pk. Ind. Est.	27	D14
Edinburgh Rd., Dalk.	50	U10
Edinburgh Rd., Muss.	24	T16
Edinburgh Southern Harriers	43	Q12

Name	Page	Grid	Name	Page	Grid	Name	Page	Grid
Edinburgh University Sports Grd.	33	P14	Essex Brae	8	E18	Fettes Ri.	11	K18
			Essex Pk.	8	E18	Fettes Row	20	M17
Edinburgh University Theatre	20	M15	Essex Rd.	8	E18	Fettes Sch.	10	K18
			Esslemont Rd.	32	N13	Fidra Ct.	9	H19
Edmonstone Av., Dalk.	51	R12	Ethel Ter.	31	L13	Figgate Bk.	23	R17
Edmonstone Cottage	34	Q12	Eton Ter.	6	L17	Figgate Burn Pk.	22	Q16
Edmonstone Dr., Dalk.	51	R12	Ettrick Gro.	31	L15	Figgate La.	22	R17
Edmonstone Rd., Dalk.	51	R12	Ettrick Rd.	31	K14	Figgate St.	22	R17
Edmonstone Ter., Dalk.	51	R12	Ettrickdale Pl.	19	L17	Fillyside Av.	22	Q17
Education Committee Athletic Grd.	30	J14	Eva Pl.	32	N13	Fillyside Rd.	13	Q18
			Evans Gdns., Bonny.	49	S8	Fillyside Ter.	13	Q18
Eglinton Cres.	19	K16	Ewerland	8	E18	Filmhouse	6	L16
Eglinton St.	19	K16	Eyre Cres.	20	M17	Findhorn Pl.	32	N14
Egypt Ms.	32	M14	Eyre Pl.	20	M17	Findlay Av.	13	P18
Eildon St.	11	M18	Eyre Ter.	20	M17	Findlay Cotts.	13	P18
Eildon Ter.	11	L18				Findlay Gdns.	13	P18
Elbe St.	12	O19				Findlay Gro.	13	P18
Elcho Ter.	23	S16	Fair-a-Far	8	E19	Findlay Medway	13	P18
Elder St.	7	M17	Fair-a-Far Cotts.	8	E19	Fingal Pl.	32	M15
Elder St. E.	7	M17	Fairford Gdns.	33	O13	Fingzies Pl.	12	O18
Eldindean Pl., Bonny.	49	R8	Fairhaven Vills., Dalk.	50	T9	Finlaggan Ct.	16	E16
Eldindean Rd., Bonny.	49	R8	Fairmile Av.	41	L11	*Craigievar Wynd*		
Eldindean Ter., Bonny.	49	R8	Fairmile Marie Curie Home	41	M11	Firrhill Cres.	40	K12
Electra Pl.	22	R17				Firrhill Dr.	40	K12
Elgin Pl.	19	K16	Fairmilehead	41	L11	Firrhill Ln.	40	K12
Elgin St. N.	20	N17	Fairmilehead Pk.	41	L11	Firrhill Sch.	40	J12
Elgin St. S.	20	N17	Fairview Rd.	14	A16	First Gait, Currie	37	D12
Elgin Ter.	20	N17	Fairways, Muss.	24	U14	Fish Mkt.	12	M20
Elizafield	12	N18	Fala Ct.	43	O11	Fisherrow Harbour, Muss.	24	U16
Ellangowan Ter.	33	O13	Falcon Av.	31	L14	Fisherrow Links, Muss.	25	V16
Ellen's Glen	43	P12	Falcon Ct.	31	L14	Fisherrow Sands, Muss.	25	V16
Ellen's Glen Rd.	43	P12	Falcon Gdns.	31	L14	Fishers Wynd, Muss.	24	U15
Ellersly Ho. Hotel	18	J16	Falcon Rd.	31	L14	Fishmarket Sq.	11	M20
Ellersly Rd.	18	J16	Falcon Rd. W.	31	L14	Fishwives' Causeway	22	Q17
Elliot Gdns.	40	J12	Falkland Gdns.	17	G17	Fleshmarket Clo.	7	M16
Elliot Pk.	40	J12	Farrer Gro.	22	Q17	*High St.*		
Elliot Pl.	40	J12	Farrer Ter.	22	Q17	Flora Stevenson Sch.	19	K17
Elliot Rd.	40	J12	Fauldburn	16	E17	Forbes Rd.	31	L15
Elliot St.	20	N17	Fauldburn Pk.	16	E17	Forbes St.	7	N15
Elm Pl.	12	O18	Featherhall Av.	16	F15	Fords Rd.	30	H14
Elm Row	7	N17	Featherhall Cres. N.	16	F15	Forestry Commission	17	G15
Elm Row, Lass.	49	R9	Featherhall Cres. S.	16	F15	Forres St.	6	L17
Elmfield Ct., Dalk.	50	U10	Featherhall Gro.	16	F15	Forrest Hill	7	M16
Elmfield Pk., Dalk.	50	U10	Featherhall Pl.	16	F15	Forrest Rd.	7	M16
Elmfield Rd., Dalk.	50	U10	Featherhall Rd.	16	F15	Forrester Pk. Av.	28	F14
Elmwood Ter.	13	O18	Featherhall Ter.	16	F15	Forrester Pk. Dr.	28	F14
Eltringham Gdns.	30	J14	Ferguson Ct., Muss.	24	V14	Forrester Pk. Gdns.	28	F14
Eltringham Gro.	30	J14	Ferguson Dr., Muss.	24	U14	Forrester Pk. Grn.	29	G14
Eltringham Ter.	30	J14	Ferguson Gdns., Muss.	24	U14	Forrester Pk. Gro.	29	F14
Engine Rd., Loanh.	47	P8	*Ferguson Dr.*			Forrester Pk. La.	29	F14
Episcopal Theological Coll.	19	K16	Ferguson Grn., Muss.	24	U14	Forrester Rd.	16	F16
			Ferguson Vw., Muss.	24	U14	Forrester Sch.	28	F14
Erskine Pl.	6	L16	Ferniehill Av.	43	Q11	Fort Ho.	12	N19
Shandwick Pl.			Ferniehill Dr.	43	Q11	Fort Sch.	12	N19
Esdaile	32	M14	Ferniehill Gdns.	43	Q12	Forteviot Ho.	43	P12
Esk Glades, Dalk.	50	U10	Ferniehill Gro.	43	Q12	Forteviot Sch.	32	N14
Esk Pl., Dalk.	50	T10	Ferniehill Pl.	43	Q11	Forth St.	7	M17
Eskbank Rd., Bonny.	49	S8	Ferniehill Rd.	43	Q11	Forth Vw. Av.	37	D10
Eskbank Rd., Dalk.	50	T9	Ferniehill Sq.	43	Q11	Forth Vw. Cres., Currie	37	D10
Eskbank Ter., Dalk.	50	T9	Ferniehill St.	43	Q12	Forth Vw. Cres., Dalk.	51	R12
Eskdaill Ct., Dalk.	50	U10	Ferniehill Ter.	43	Q11	Forth Vw. Rd., Dalk.	37	D10
South St.			Ferniehill Way	43	Q12	Forthview Rd., Currie	18	J17
Eskdaill St., Dalk.	50	U10	Fernielaw Av.	39	H11	Forthview Ter.	18	H17
Eskdale Ct., Bonny.	49	R8	Fernielee, Muss.	25	V13	Foulis Cres., Jun.G.	39	F11
Eskdale Dr., Bonny.	48	R8	Fernieside Av.	43	Q12	Foundry La., Loanh.	48	P9
Eskdale Ms., Muss.	25	V15	Fernieside Cres.	43	Q12	Fountain Pl., Loanh.	47	P8
Eskdale Ter., Bonny.	49	R8	Fernieside Dr.	43	Q12	Fountainbridge	6	L15
Eskgrove	48	Q8	Fernieside Gdns.	43	Q12	Fountainhall Rd.	32	N14
Eskmill Vills., Muss.	24	U15	Fernieside Gro.	43	Q12	Fourth Gait, Currie	37	D12
Eskside Ct., Dalk.	50	T10	Fernieside Sch.	43	Q12	Fowler Cres., Loanh.	48	P8
Ironmills Rd.			Ferry Rd.	10	H18	Fowler Sq., Loanh.	48	P8
Eskside E., Muss.	25	V15	Ferry Rd. Av.	10	J18	Fowler Ter.	31	K15
Eskside W., Muss.	24	U15	Ferry Rd. Dr.	10	J19	Fox Covert Av.	17	G17
Eskview Av., Muss.	24	U15	Ferry Rd. Gdns.	10	J18	Fox Covert Gro.	17	G17
Eskview Cres., Muss.	24	U15	Ferry Rd. Gro.	10	J18	Fox Covert Sch.	17	G16
Eskview Grn., Dalk.	50	T10	Ferry Rd. Pl.	10	J18	Fox Spring Cres.	41	L12
Eskview Grn., Muss.	24	U15	Ferryfield	11	K19	Fox Spring Ri.	41	L12
Eskview Rd., Muss.	24	U15	Ferryhill Sch.	10	J18	Fraser Av.	11	L19
Eskview Ter., Muss.	24	U15	Festival Fringe Office	7	M16	Fraser Cres.	11	L19
Eskview Vills., Dalk.	50	T9	Festival Offices	7	M16	Fraser Gdns.	11	L19
Esplanade	8	F20	Festival Sq.	6	L16	Fraser Gro.	11	L19
Esplanade Ter.	23	S16	Festival Theatre	7	M16	Fraser Homes	39	G12
Essendean Pl.	16	F17	Fettes Av.	19	K17	*Spylaw Bk. Rd.*		
Essendean Ter.	16	F17	Fettes Coll.	10	K18	Frederick St.	6	M17

Name	Page	Grid	Name	Page	Grid	Name	Page	Grid
Free Ch. Coll.	20	M16	Gillsland Rd.	31	K14	Gogar Mains	14	C16
Freemasons' Hall	6	M16	Gilmerton Dykes Av.	43	P11	Gogar Mains Fm. Rd.	15	C16
Frogston Av.	41	L11	Gilmerton Dykes Cres.	43	P11	Gogar Mt.	26	B15
Frogston Gdns.	41	L11	Gilmerton Dykes Dr.	43	P11	Gogar Pk. Curling Club	27	D15
Frogston Gro.	41	M11	Gilmerton Dykes Gdns.	43	P11	Gogar Pk. Ho.	27	D15
Frogston Rd. E.	42	N10	Gilmerton Dykes Gro.	43	P11	Gogar Sta. Rd.	27	C15
Frogston Rd. W.	41	L11	Gilmerton Dykes Ln.	43	P11	Gogarbank	27	D14
Frogston Sports Club	42	N10	Gilmerton Dykes Pl.	43	P11	Gogarburn Fm.	27	D14
Frogston Ter.	41	M11	Gilmerton Dykes Rd.	43	P10	Gogarburn Golf Course	26	C15
Fruit Mkt.	30	J14	Gilmerton Dykes St.	43	P11	Gogarburn Hosp.	27	C15
Fruit Mkt. Gall.	7	M16	Gilmerton Dykes Ter.	43	P11	Gogarburn Hosp. Sch.	27	C15
			Gilmerton Dykes Vw.	43	P11	Gogarloch Haugh	28	E15
			Gilmerton Pk.	43	Q12	Gogarloch Muir	28	E15
G.P.O. Sorting Office	20	N17	Gilmerton Pl.	43	P11	Gogarloch Rd.	28	E15
Gabriel's Rd.	7	M17	Gilmerton Rd.	33	O13	Gogarloch Syke	28	E15
West Register St.			Gilmerton Rd., Dalk.	50	T10	Gogarside Roundabout	15	D15
Gabriel's Rd.	19	L17	Gilmerton Sch.	43	P11	Goldenacre Ter.	11	L18
(Stockbridge)			Gilmerton Sta. Rd.	43	Q10	Goldie Ter., Loanh.	47	O8
Galachlaw Shot	41	M11	Gilmore Pk.	6	L15	Golf Course Rd., Bonny.	49	R8
Galachlawside	41	M11	Gilmore Pl.	19	L15	Golf Driving Range,	42	N12
Gallolee, The	40	J11	Gilmore Pl. La.	6	L15	Liberton		
Galt Av., Muss.	25	X15	Gilmour Rd.	32	N14	Goodtrees	44	B8
Galt Cres., Muss.	25	X15	Gilmour St.	7	N16	Goose Grn. Av., Muss.	25	V16
Gamekeeper's Ln.	8	E19	Gilmour's Entry	7	N16	Goose Grn. Bri., Muss.	25	V16
Gamekeeper's Pk.	8	E18	Gilmour St.			Goose Grn. Cres., Muss.	25	V16
Gamekeeper's Rd.	8	E19	Gladstone Pl.	13	O18	Goose Grn. Pl., Muss.	25	V16
Garden Ct. Hotel	18	J17	Gladstone Ter.	20	N15	Goose Grn. Rd., Muss.	25	V16
Garden Ter.	9	F19	Glanville Pl.	6	L17	Gordon Ln.	17	G16
Gardiner Gro.	17	H17	Kerr St.			Gordon Rd.	17	G16
Gardiner Rd.	17	H17	Glasgow Rd.	16	E15	Gordon St.	12	O18
Gardiner Ter.	17	H17	Glebe, The	8	E19	Gordon Ter.	33	O13
Gardner St.	21	O17	Glebe Gdns.	17	F15	Gorgie Cotts.	30	J14
Lower London Rd.			Glebe Gro.	17	F15	Gorgie Rd.	30	H14
Gardner's Cres.	6	L16	Glebe Pl.	7	M16	Gosford Pl.	12	M19
Garscube Ter.	18	J16	High St.			Gowanhill	36	C11
Garvald Ct.	42	O11	Glebe Pl., Lass.	48	Q9	Gowanhill Rd.	36	B11
Gayfield Pl.	20	N17	Glebe Rd.	17	F15	Gracefield Ct., Muss.	24	U15
Gayfield Pl. La.	20	N17	Glebe St., Dalk.	50	U10	Fishers Wynd		
Gayfield Sq.	20	N17	Glebe Ter.	17	F15	Gracemount Av.	42	O12
Gayfield St.	20	N17	Glen St.	6	M15	Gracemount Dr.	42	O11
Gaynor Av., Loanh.	47	O8	Glenallan Dr.	33	O13	Gracemount Pk.	43	P11
General Post Office	7	M16	Glenallan Ln.	33	O13	Gracemount Pl.	42	O11
General's Entry	7	M16	Glenalmond Ct.	29	F13	Gracemount Rd.	42	O11
Bristo Sq.			Glenbrook	44	A8	Gracemount Sch.	43	O11
George Av., Loanh.	47	O8	Glenbrook Ho.	44	A8	(Primary)		
George Cres., Loanh.	47	P8	Glenbrook Rd., Bal.	44	A8	Gracemount Sch.	43	P11
George Dr., Loanh.	47	O8	Glencairn Cres.	19	K16	(Secondary)		
George IV Bri.	7	M16	Glendevon Av.	18	H15	Gracemount Sq.	42	O11
George Heriot's Sch.	6	M16	Glendevon Gdns.	18	H15	Graham St.	12	N19
George Heriot's Sports	11	L18	Glendevon Gro.	18	H15	Grampian Ho.	12	N19
Grd.			Glendevon Pk.	18	H15	Granby Rd.	32	N14
George Hotel	6	M17	Glendevon Pl.	18	H15	Grandfield	11	M19
George Sq.	7	M15	Glendevon Rd.	18	H15	Grandville	11	M19
George Sq. La.	7	M15	Glendevon Ter.	18	H15	Grange Cem.	32	M14
George St.	6	L16	Glendinning Cres.	42	O12	Grange Ct.	32	N15
George Ter., Loanh.	47	O8	Glenesk Cres., Dalk.	50	T9	Causewayside		
George Watson's Coll.	31	L14	Glenfinlas St.	6	L16	Grange Cres.	32	M14
George Watson's Coll.	31	K14	Glengyle Ter.	19	L15	Grange Cricket Grd.	19	L17
Recreation Grd.			Glenisla Gdns.	32	M14	Grange Ln.	32	M14
Gibb's Entry	7	N16	Glenisla Gdns. La.	32	M14	Grange Ln. Gdns.	32	M14
Simon Sq.			Glenisla Gdns.			Grange Rd.	32	M15
Gibraltar Ct., Dalk.	50	U10	Glenlea Cotts.	30	J14	Grange Ter.	32	M14
Gibraltar Gdns., Dalk.	50	U10	Glenlee Av.	21	P16	Grant Av.	39	H11
Gibraltar Rd., Dalk.	50	U10	Glenlee Gdns.	21	P16	Granton Cres.	10	K19
Gibraltar Ter., Dalk.	50	U10	Glenlockhart Bk.	30	J13	Granton Cres. Pk.	10	K18
Gibson Dr., Dalk.	50	V10	Glenlockhart Rd.	30	J13	Granton Gdns.	11	K19
Gibson St.	12	N18	Glenlockhart Valley	30	J13	Granton Gro.	11	K19
Gibson Ter.	19	L15	Glenogle Ho.	19	L17	Granton Mains Av.	10	J19
Gifford Pk.	7	N15	Glenogle Pl.	19	L17	Granton Mains Bk.	10	J19
Gilberstoun Brigg	35	S15	Glenogle Rd.	19	L17	Granton Mains Brae	10	J19
Gilberstoun Ln.	35	S15	Glenogle Ter.	11	L18	Granton Mains Ct.	10	J19
Gilberstoun Wynd	35	S15	Glenorchy Pl.	7	N16	Granton Mains Gait	10	J19
Gilbertstoun	23	S15	Greenside Row			Granton Mains Vale	10	J19
Gilbertstoun Pl.	23	S15	Glenorchy Ter.	32	N14	Granton Mains Wynd	10	J19
Gilchrist's Entry	20	M17	Glenpark	44	A9	Granton Medway	10	K19
Leith St.			Glenure Ln.	16	F17	Granton Pk. Av.	10	K20
Gilchrist's La.	7	N17	Glenvarloch Cres.	42	O12	Granton Pl.	11	K19
Greenside Row			Gloucester La.	6	L17	Granton Rd.	11	L19
Giles St.	12	N19	Gloucester Pl.	6	L17	Granton Sch.	10	K19
Gillespie Cres.	19	L15	Gloucester Sq.	6	L17	Granton Sq.	11	K20
Gillespie Pl.	19	L15	Gloucester La.			Granton Ter.	11	K19
Gillespie Rd.	39	G11	Gloucester St.	6	L17	Granton Vw.	11	K19
Gillespie St.	19	L15	Goff Av.	22	Q17	Grantully Pl.	32	N14
Gillsland Pk.	31	K14	Gogar Fm.	15	C15	Granville Ter.	31	L15

Name	Col1	Col2	Name	Col1	Col2	Name	Col1	Col2
Grassmarket	6	M16	Grove St.	6	L16	Hawkhead Cres.	42	O12
Gray's Ln.	31	K14	Grove St., Muss.	25	V15	Hawkhead Gro.	42	O12
Graysmill Sch.	30	H13	Grove Ter.	6	L16	Hawkhill Av.	12	O18
Great Cannon Bk.	22	R17	*Grove St.*			Hawkhill Ct.	13	O18
Great Carleton Pl.	34	R14	Guardianswood	18	J16	Hawkhill Vills.	12	O18
Great Carleton Sq.	34	R14	Gullan's Clo.	7	N16	*Lochend Rd.*		
Great Junct. St.	12	N19	Gunnet Ct.	9	H19	Hawthorn Bldgs.	19	K16
Great King St.	6	M17	Guthrie St.	7	M16	*Belford Rd.*		
Great Michael Clo.	12	M20	Gyle Pk., The	16	E15	Hawthorn Gdns., Loanh.	47	O9
Newhaven Pl.			Gyle Pk. Gdns.	16	E15	Hawthorn Ter.	19	L16
Great Michael Ri.	12	M19	Gyle Service La.	28	E15	*Hawthornbank La.*		
Great Michael Sq.	9	G18	Gylemuir La.	16	F15	Hawthornbank La.	19	L16
Main St.			Gylemuir Sch.	16	F15	Hawthornbank Pl.	12	N19
Great Stuart St.	6	L16	Gypsy Brae	10	J19	Hawthornbank Ter.	12	N19
Green, The	9	G18				Hawthornden Av., Bonny.	49	R8
Green, The, Bal.	45	C8				Hawthornden Gdns.,	49	R8
Green St.	20	M17	Haddington Pl.	20	N17	*Bonny.*		
Green Way, The	29	G13	Haddington's Entry	7	N16	Hawthornden Pl.	12	N18
Greenbank Av.	31	L13	*Reid's Clo.*			Hawthorne Pl.	43	Q11
Greenbank Cres.	41	L12	Haddon's Ct.	7	N16	Hawthornvale	12	M19
Greenbank Dr.	31	K13	*Howden St.*			Hay Av.	34	Q14
Greenbank Gdns.	41	K12	Hailes App.	39	H12	Hay Dr.	34	R14
Greenbank Gro.	40	K12	Hailes Av.	39	H12	Hay Pl.	34	Q14
Greenbank La.	31	K13	Hailes Bk.	39	H12	Hay Rd.	34	Q14
Greenbank Ln.	41	K12	Hailes Cres.	39	H12	Hay Ter.	34	Q14
Greenbank Pk.	40	K12	Hailes Gdns.	39	G12	Hayfield	16	E16
Greenbank Pl.	31	L13	Hailes Gro.	39	H12	Haymarket	19	L16
Greenbank Ri.	41	K12	Hailes Pk.	29	G13	Haymarket Sta.	19	L16
Greenbank Rd.	31	K13	Hailes Pk. (street)	39	G12	Haymarket Ter.	19	K16
Greenbank Row	40	K12	Hailes Quarry Cottage	29	F13	Hazelbank Ter.	30	K14
Greenbank Ter.	31	L13	*Murrayburn Rd.*			Hazeldean Ter.	33	O13
Greendykes Av.	34	Q14	Hailes St.	19	L15	Hazelwood Gro.	33	P13
Greendykes Dr.	34	Q14	Hailes Ter.	39	H12	Headrigg Row	33	O13
Greendykes Gdns.	34	Q14	Hailesland Gdns.	29	G13	Heart of Midlothian	30	K15
Greendykes Ho.	34	Q14	Hailesland Gro.	29	G13	Stadium		
Greendykes Ln.	34	Q14	Hailesland Pl.	29	G13	Henderland Rd.	18	J16
Greendykes Rd.	34	Q14	Hailesland Rd.	29	G13	Henderson Gdns.	12	N19
Greendykes Sch.	34	Q14	Hailesland Sch.	39	G12	Henderson Pl.	20	M17
Greendykes Ter.	34	Q14	Hainburn Pk.	40	K11	Henderson Pl. La.	19	L17
Greenend Dr.	43	P12	Hall Ter.	17	G15	Henderson Row	19	L17
Greenend Gdns.	43	P12	Hallhead Rd.	33	N13	Henderson St.	12	N19
Greenend Gro.	43	P12	Halmyre St.	12	N18	Henderson Ter.	19	K15
Greenfield Cres., Bal.	45	C8	Hamburgh Pl.	12	N19	Henry Pl.	20	N15
Greenfield Rd., Bal.	45	C8	*Lindsay Rd.*			Henry St.	20	N15
Greenhill Gdns.	31	L15	Hamilton Dr.	22	Q16	Hepburn Dr., Dalk.	50	V9
Greenhill Pk.	31	L14	Hamilton Dr. W.	22	Q16	Hercus Ln., Muss.	24	U15
Greenhill Pl.	31	L14	Hamilton Gdns.	22	Q16	Herd Ter., Loanh.	47	O8
Greenhill Ter.	31	L15	Hamilton Gro.	22	Q16	Heriot Bri.	20	M16
Greenlaw Hedge	40	K12	Hamilton Pk.	22	Q16	Heriot Cross	20	M16
Greenlaw Rig	40	K12	Hamilton Pl.	19	L17	*Heriot Bri.*		
Greenmantle Ln.	33	O13	Hamilton Ter.	22	R16	Heriot Hill Ter.	11	M18
Greenside Ct.	7	N17	Hamilton Wynd	12	N19	Heriot Pl.	6	M16
Greenside Row			Hampton Pl.	18	K16	Heriot Row	6	L17
Greenside La.	7	N17	*West Catherine Pl.*			Heriot-Watt University	37	D12
Greenside Pl.	7	N17	Hampton Ter.	18	K16	Heriot-Watt University	20	M16
Leith Wk.			Hanover St.	6	M17	(Mountbatten Building)		
Greenside Row	7	N17	Harbour Pl.	22	R17	Hermand Cres.	30	K14
Greenwood	18	J16	Harbour Rd.	22	R17	Hermand St.	30	J14
Greyfriars Kirk	7	M16	Harbour Rd., Muss.	24	U15	Hermand Ter.	30	J14
Greyfriars Pl.	7	M16	Harden St.	31	K15	Hermiston Ct.	28	F13
Candlemaker Row			Hardengreen Ind. Est.	50	T9	Hermiston Ho.	27	D13
Grierson Av.	11	L19	Hardwell Clo.	7	N15	Hermiston Ho. Rd., Currie	27	D13
Grierson Cres.	11	L19	Harelaw Rd.	39	H11	Hermitage Dr.	31	L13
Grierson Gdns.	11	L19	Harewood Cres.	34	Q14	Hermitage Gdns.	31	L13
Grierson Rd.	11	K19	Harewood Dr.	34	Q14	Hermitage of Braid	31	L13
Grierson Sq.	11	L19	Harewood Rd.	34	Q14	Hermitage Pk.	12	O18
Grierson Vills.	11	L19	Harlaw	45	D8	Hermitage Pk. Grn.	13	O18
Grigor Av.	10	J18	Harlaw March, Bal.	45	C9	Hermitage Pk. S.	13	O18
Grigor Dr.	10	J18	Harlaw Rd., Bal.	45	C8	Hermitage Pk. S.	13	O18
Grigor Gdns.	10	J19	Harmony	45	C8	Hermitage Pl.	12	O18
Grigor Ter.	10	J18	Harmeny Sch.	45	C8	Hermitage Ter.	31	L13
Grindlay St.	6	L16	Harrison Gdns.	30	K14	Hibernian Stadium	21	O17
Grindlay St. Ct.	6	L16	Harrison La.	31	K15	High Buckstone	41	M11
Groathill Av.	18	J17	Harrison Pk.	31	K14	High Riggs	6	L16
Groathill Gdns. E.	18	J17	Harrison Pl.	30	K14	High Sch. Yards	7	N16
Groathill Gdns. W.	18	J17	Harrison Rd.	31	K15	High St.	7	M16
Groathill Rd. N.	10	J18	Hart St.	7	M17	High St., Bonny.	49	R8
Groathill Rd. S.	18	J17	Hart St. La.	7	M17	High St., Dalk.	50	U10
Grosvenor Cres.	19	K16	*Hart St.*			High St., Lass.	49	R9
Grosvenor Gdns.	19	K16	Hartington Gdns.	31	L15	High St., Loanh.	48	P8
Grosvenor St.	19	L16	Hartington Pl.	31	L15	High St., Muss.	25	V15
Grove, The, Muss.	25	W15	Hatton Pl.	32	M15	Highlea Circle, Bal.	44	B8
Grove End, Lass.	49	R8	Haugh Pk., Muss.	24	U15	Highlea Gro., Bal.	44	B8
Grove Pl.	38	F11	Haugh St.	19	L17	Highway, The	22	Q16

Name	Page	Grid	Name	Page	Grid	Name	Page	Grid
Hill Pl.	7	N16	Howdenhall Pk.	42	N11	Inverleith Gro.	11	K18
Hill Sq.	7	N16	Howdenhall Rd.	42	O11	Inverleith Ho.	11	L18
Hill St.	6	L17	Howdenhall Way	42	O11	Inverleith Pk.	11	L18
Hill St. La. N.	6	L17	Howe Dean	42	N12	Inverleith Pl.	11	K18
Hill St. La. S.	6	M17	Howe Pk.	40	K11	Inverleith Pl. La.	11	L18
Hillcoat Ln.	22	R17	Howe St.	6	M17	Inverleith Row	11	L18
Hillcoat Pl.	22	R17	Hugh Miller Pl.	19	L17	Inverleith Ter.	11	L18
Hillend Country Pk.	46	L9	Hunt Clo., Dalk.	50	U10	Inverleith Ter. La.	11	L18
Hillend Pl.	7	N17	Hunter Av., Loanh.	48	P8	Iona St.	12	N18
London Rd.			Hunter Ct., Loanh.	48	P8	Ironmills Rd., Dalk.	50	T10
Hillend Ski Slope	46	L9	Hunter Sq.	7	M16	Ivanhoe Cres.	33	O13
Hillhead, Bonny.	49	R8	Hunter Ter., Bonny.	49	R8	Ivy Ter.	30	K15
Hillhouse Rd.	9	G18	Hunter Ter., Loanh.	48	P8			
Hillpark Av.	17	G17	Hunter's Tryst	40	K11			
Hillpark Brae	17	G17	Hunter's Tryst Sch.	40	K12	Jack Kane Cen.	34	R14
Hillpark Ct.	9	G18	Huntly Ho. Museum	7	N16	Jamaica St.	6	L17
Hillpark Cres.	17	G17	Huntly St.	11	M18	Jamaica St. N. La.	6	L17
Hillpark Dr.	9	G18	Hutchison Av.	30	J14	Jamaica St. S. La.	6	L17
Hillpark Gdns.	17	G17	Hutchison Cotts.	30	J14	James' Ct.	7	M16
Hillpark Grn.	17	G17	Hutchison Crossway	30	J14	Lawnmarket		
Hillpark Ln.	17	H17	Hutchison Gdns.	30	J14	James Craig Wk.	7	M17
Hillpark Rd.	17	G17	Hutchison Gro.	30	J14	James Gillespie's Sch.	32	M15
Hillpark Ter.	17	G17	Hutchison Ho.	30	J14	(Primary)		
Hillpark Way	17	H17	Hutchison Ln.	30	J14	James Gillespie's Sch.	32	M15
Hillpark Wd.	17	H17	Hutchison Medway	30	J14	(Secondary)		
Hillside Cres.	7	N17	Hutchison Pk.	30	J14	James Lean Av., Dalk.	50	U10
Hillside St.	7	N17	Hutchison Pl.	30	J14	James Leary Way, Bonny.	49	S8
Hilltown Ter., Dalk.	35	S13	Hutchison Rd.	30	J14	James St.	23	S16
Hillview	18	H17	Hutchison Ter.	30	J14	James St., Muss.	25	V15
Hillview Cres.	16	F16	Hutchison Vw.	30	J14	James St. La.	23	S16
Hillview Dr.	16	F16	Hyvot Av.	43	P11	Jameson Pl.	12	N18
Hillview Rd.	16	F16	Hyvot Ct.	43	P11	Jane St.	12	N18
Hillview Ter.	16	F16	Hyvot Gdns.	43	P11	Jane Ter.	21	O17
Hilton National	19	K16	Hyvot Gro.	43	P11	Comely Grn. Cres.		
Edinburgh Hotel			Hyvot Ln.	43	P11	Janefield	42	O10
Hollybank Ter.	30	K14	Hyvot Pk.	43	P11	Jarnac Ct., Dalk.	50	U10
Holy Cross Sch.	11	M19	Hyvot Ter.	43	P11	Jawbone Wk.	7	M15
Holy Rood Sch.	22	P15	Hyvot Vw.	43	P11	Jean Armour Av.	33	O13
Holyrood Ct.	7	N16	Hyvot's Bk. Av.	43	Q11	Jean Armour Dr., Dalk.	50	V9
Holyrood Pk.	21	O16	Hyvot's Bk. Valley Pk.	43	P11	Jeffrey Av.	18	H17
Holyrood Pk. Rd.	20	N15				Jeffrey St.	7	N16
Holyrood Rd.	7	N16				Jessfield Ter.	12	M19
Holyroodhouse, Palace of	7	N16				Jewel, The	34	R15
Home St.	6	L15	Ice Rink, Murrayfield	18	J15	Jewel and Esk Valley Coll.	23	S15
Hope La.	23	R16	Inch Nurseries	33	O13	The		
Hope Pk. Cres.	20	N15	Inch Pk., The	33	O13	Jewel and Esk Valley Coll.,	50	T9
Hope Pk. Sq.	20	M15	Inchcolm Ct.	10	J19	The, Dalk.		
Meadow La.			Inchgarvie Ct.	10	J19	Jewel Pk.	34	R15
Hope Pk. Ter.	20	N15	Inchkeith Ct.	12	N18	Jock's Lo.	21	P17
Hope Pl., Muss.	25	W16	Inchmickery Ct.	9	H19	John Knox's Ho.	7	N16
Hope St.	6	L16	Inchview Sch.	10	J18	John St.	23	S16
Hope St. La.	6	L16	Inchview Ter.	22	Q17	John St. La.	23	S16
Hope Ter.	32	M14	India Bldgs.	7	M16	John St. La. W.	23	S16
Hopefield Ter.	12	N19	Victoria St.			John's La.	12	O19
Hopetoun Cres.	20	N17	India Pl.	6	L17	John's Pl.	12	O19
Hopetoun Cres. La.	20	N17	India St.	6	L17	Johnsburn Grn., Bal.	44	B9
Hopetoun St.	12	N18	Industrial Rd.	12	O18	Johnsburn Haugh, Bal.	44	B9
Horne Ter.	19	L15	Industry Home	12	N19	Johnsburn Pk., Bal.	44	B9
Horsburgh Bk., Bal.	45	C10	Industry La.			Johnsburn Rd., Bal.	44	B9
Horsburgh Gdns., Bal.	45	C10	Industry La.	12	N19	Johnston Ter.	6	M16
Horsburgh Grn., Bal.	45	C10	Infirmary St.	7	N16	Joppa Gdns.	23	S16
Horse Wynd	7	N16	Inglewood Pl.	42	O12	Joppa Gro.	23	S16
Hoseason Gdns.	16	F17	Inglis Ct.	6	M16	Joppa Pk.	23	S16
Hosie Rigg	35	R15	West Port			Joppa Quarry Pk.	23	S16
House o' Hill Av.	9	H18	Inglis Grn. Rd.	30	H13	Joppa Rd.	23	S16
House o' Hill Brae	9	H18	Ingliston	14	A16	Joppa Ter.	23	S16
House o' Hill Cres.	9	H18	Innocent Railway, The	33	O15	Jordan La.	31	L14
House o' Hill Gdns.	9	H18	(walkway)			Jubilee Rd.	14	A16
House o' Hill Grn.	9	H18	Inveralmond Dr.	8	E19	Junction Pl.	12	N18
House o' Hill Gro.	9	H18	Inveralmond Gdns.	8	E19	Juniper Av., Jun.G.	38	F11
House o' Hill Pl.	9	H18	Inveralmond Grn.	8	E19	Juniper Gdns., Jun.G.	38	F11
House o' Hill Rd.	9	H18	Inveravon Rd.	47	O9	Juniper Grn. Sch.	38	F11
House o' Hill Row	9	H18	Inveresk Row, Muss.	24	V15	Juniper Gro. Sch. Annexe	38	F11
House o' Hill Ter.	18	H17	Inveresk Brae, Muss.	25	V15	Juniper Gro., Jun.G.	38	F11
House of Cockburn	44	A8	Inveresk Cem., Muss.	25	V15	Juniper La., Jun.G.	38	F11
Howard Hotel	6	M17	Inveresk Ho., Muss.	25	V15	Juniper Pk. Rd., Jun.G.	38	F11
Howard Pl.	11	M18	Inveresk Ind. Est., Muss.	25	V15	Juniper Ter., Jun.G.	38	F11
Howard St.	11	M18	Inveresk Mills Ind. Est.,	24	U15	Juniperlee, Jun.G.	38	F11
Howden St.	7	N16	Muss.					
Howdenhall Ct.	42	N11	Inveresk Rd., Muss.	25	V15			
Howdenhall Cres.	42	N11	Inveresk Village Rd., Muss.	25	V15	Kaimes Rd.	17	G16
Howdenhall Dr.	42	N11	Inverleith Av.	11	L18	Kaimes Sch.	43	P11
Howdenhall Gdns.	42	O11	Inverleith Av. S.	11	L18	Kaimes Vw., Dalk.	51	R12
Howdenhall Ln.	42	N11	Inverleith Gdns.	11	L18	Katesmill Rd.	40	H12

Keddie Gdns.	12	N19
Kedslie Pl.	42	N12
Kedslie Rd.	42	N12
Keir St.	6	M16
Keith Cres.	18	H17
Keith Row	18	J17
Keith Ter.	18	J17
Kekewich Av.	22	Q17
Kellarstane	27	C14
Kemp Pl.	19	L17
Kenilworth Dr.	42	O12
Kenmure Av.	21	P16
Kennington Av., Loanh.	47	O8
Kennington Ter., Loanh.	47	O8
Kerr Av., Dalk.	50	T9
Kerr St.	6	L17
Kerr's Wynd, Muss.	25	V15
Kevock Rd., Lass.	48	Q8
Kew Ter.	18	K16
Kilchurn Ct.	16	E16
Craigievar Wynd		
Kilgraston Ct.	32	M14
Kilgraston Rd.	32	M14
Kilmaurs Rd.	33	O14
Kilmaurs Ter.	33	O14
Kilncroftside	30	H13
Kilwinning Pl., Muss.	25	V15
Kilwinning St., Muss.	25	V15
Kilwinning Ter., Muss.	25	V15
Kinellan Gdns.	18	J16
Kinellan Rd.	18	J16
King George V Pk.	20	M17
King George V Pk., Bonny.	49	R8
King George's Fld.	47	O8
King James Hotel	20	M17
King Malcolm Clo.	41	M11
King St.	12	N19
King St., Muss.	25	V15
Kinghorn Pl.	12	M19
King's Bri.	6	M16
King's Bldgs., The	32	N13
King's Cramond	8	E18
King's Haugh	33	P14
King's Manor Hotel	23	S15
King's Pk., Dalk.	50	U9
King's Pk. Sch., Dalk.	50	U9
King's Pl.	22	R17
King's Rd.	22	R17
King's Stables La.	6	M16
King's Stables Rd.	6	L16
King's Ter.	22	Q17
King's Theatre	6	L15
Kingsburgh Rd.	18	J16
Kingsinch Sch.	33	O13
Kingsknowe Av.	29	H13
Kingsknowe Ct.	29	G13
Kingsknowe Cres.	29	H13
Kingsknowe Dr.	29	H13
Kingsknowe Gdns.	39	H12
Kingsknowe Golf Course	39	G12
Kingsknowe Gro.	39	H12
Kingsknowe Pk.	39	H12
Kingsknowe Pl.	29	G13
Kingsknowe Rd. N.	29	H13
Kingsknowe Rd. S.	29	H13
Kingsknowe Sta.	29	G13
Kingsknowe Ter.	29	H13
Kingston Av.	33	P13
Kinnaird Pk.	35	S14
Kinnear Rd.	11	K18
Kippielaw Dr., Dalk.	50	V9
Kippielaw Gdns., Dalk.	50	V9
Kippielaw Medway, Dalk.	50	V9
Kippielaw Rd., Dalk.	50	V9
Kippielaw Wk., Dalk.	50	V9
Kirk Cramond	8	E19
Kirk Ln.	17	G15
Kirk Pk.	42	O12
Kirk St.	12	N18
Kirkbrae	33	O13
Kirkgate, Leith	20	N17
Leith Wk.		
Kirkgate, Liberton	42	O12
Kirkgate Ho.	12	O19

Kirkhill Dr.	33	O14
Kirkhill Gdns.	33	O15
Kirkhill Rd.	33	O15
Kirkhill Ter.	33	O15
Kirklands	28	F15
Ladywell Av.		
Kirkwood Pl.	7	N17
London Rd.		
Kisimul Ct.	16	E16
Craigievar Wynd		
Kittle Yards	32	N14
Klondyke St., Muss.	35	T14
Klondyke Way, Muss.	35	T14
Komarom Pl., Dalk.	50	V10
Kyle Pl.	20	N17
Montrose Ter.		
Lade, The, Bal.	45	C8
Ladehead	12	M18
Ladiemeadow	29	G15
Lady Ct., Bal.	45	C9
Lady Lawson St.	6	M16
Lady Menzies Pl.	21	O17
Lady Nairne Cres.	22	P16
Lady Nairne Gro.	22	P16
Lady Nairne Ln.	22	P16
Lady Nairne Pl.	22	P16
Lady Rd.	33	O14
Lady Stair's Clo.	7	M16
North Bk. St.		
Lady Stair's Ho.	6	M16
North Bk. St.		
Lady Wynd	6	M16
Ladysmith Rd.	32	N13
Ladywell, Muss.	25	V15
Ladywell Av.	28	F15
Ladywell Gdns.	16	F15
Ladywell Ho.	16	F15
Ladywell Rd.	16	F15
Ladywell Way, Muss.	24	U15
North High St.		
Laichfield	30	H14
Laichpark Ln.	30	H14
Chesser Ln.		
Laichpark Pl.	30	H14
Laichpark Rd.	30	H14
Laing Ter.	23	S16
Lairdship Yards	29	F14
Lamb's Clo.	7	N15
East Crosscauseway		
Lamermoor Ter.	33	P13
Lampacre Rd.	29	G15
Lanark Rd.	39	G11
Lanark Rd., Jun.G.	39	G11
Lanark Rd. W., Bal.	44	A9
Lang Linn Path	32	M13
Lang Ln., Loanh.	47	O9
Lang Ln. Rd.	47	O9
Langton Rd.	32	N14
Lansbury Ct., Dalk.	50	U10
Wheatsheaf La.		
Lansdowne Cres.	19	K16
Lapicide Pl.	12	N19
Larbourfield	28	F13
Larch Grn.	44	B9
Larchfield, Bal.	44	C9
Larchfield Neuk, Bal.	44	C9
Largo Pl.	12	N19
Larkfield	49	S9
Larkfield Dr., Dalk.	49	S9
Larkfield Rd., Dalk.	49	T9
Lasswade Bk.	43	P11
Lasswade Gro.	43	P11
Lasswade Rd.	42	O12
Lasswade Rd., Dalk.	49	S9
Lasswade Rd., Loanh.	48	P8
Lasswade Sch.	49	S8
(Primary)		
Lasswade Sch.	48	R8
(Secondary)		
Lauder Ln.	32	N14
Lauder Rd.	32	M15
Lauder Rd., Dalk.	50	U9

Lauderdale St.	32	M15
Laurel Bk., Dalk.	50	V9
Laurel Ter.	31	K15
Laurie St.	12	O18
Lauriston Castle	9	G19
Lauriston Dental Cen.	32	N14
Lauriston Fm. Rd.	9	G18
Lauriston Gdns.	6	M16
Lauriston Pk.	6	M15
Lauriston Pl.	6	M16
Lauriston St.	6	M16
Lauriston Ter.	6	M16
Laverockbank Av.	11	M19
Laverockbank Cres.	11	M19
Laverockbank Gdns.	11	M19
Laverockbank Gro.	11	M19
Laverockbank Rd.	11	M19
Laverockbank Ter.	11	M19
Laverockdale Cres.	39	H11
Laverockdale Ln.	39	H11
Laverockdale Pk.	39	H11
Law Cts.	7	M16
Law Pl.	22	R17
Pipe St.		
Lawnmarket	7	M16
Lawrie Ter., Loanh.	47	O8
Leadervale Rd.	42	N12
Leadervale Ter.	42	N12
Leamington Pl.	31	L15
Leamington Ter.		
Leamington Rd.	19	L15
Leamington Ter.	19	L15
Learmonth Av.	19	K17
Learmonth Ct.	19	K17
Learmonth Cres.	19	K17
Learmonth Gdns.	19	K17
Learmonth Gdns. La.	19	K17
Learmonth Gdns. Ms.	19	L17
Learmonth Gro.	19	K17
Learmonth Hotel	19	K17
Learmonth Pk.	19	K17
Learmonth Pl.	19	K17
Learmonth Ter.	19	K17
Learmonth Ter. La.	19	K17
Learmonth Vw.	19	K17
Learmonth Ter.		
Lecture Theatre	7	M16
Lee Cres.	22	R16
Leith	12	N19
Leith Acad.	12	O18
Leith Hosp.	12	N19
Leith Leisure Cen.	12	N18
Ashley Pl.		
Leith Links	12	O18
Leith Sch.	12	O18
Leith St.	7	M17
Leith St. Ter.	7	M17
Leith St.		
Leith Wk.	7	N17
Leith Wk. Sch.	20	N17
Lennel Av.	18	J16
Lennie Cotts.	15	C16
Lennie Mains	15	C17
Lennie Pk.	15	C16
Lennox Row	11	L19
Lennox St.	6	L17
Lennox St. La.	6	L17
Lennymuir	14	B17
Leopold Pl.	7	N17
Leslie Pl.	6	L17
Leven Clo.	19	L15
Leven St.		
Leven St.	19	L15
Leven Ter.	6	M15
Lewis Ter.	19	L16
Lewisvale Av., Muss.	25	W15
Lewisvale Ct., Muss.	25	W15
Lewisvale Pk., Muss.	25	V15
Leyden Pk., Bonny.	49	R8
Leyden Pl., Bonny.	49	R8
Liberton Brae	42	O12
Liberton Cem.	42	O12
Liberton Dr.	42	N12
Liberton Gdns.	42	O11

Name	Pg	Grid	Name	Pg	Grid	Name	Pg	Grid
Liberton Golf Course	33	P13	Loganlea Gdns.	21	P17	Magdalene Av.	23	R15
Liberton Hosp.	43	O11	Loganlea Ln.	21	P17	Magdalene Ct.	22	R15
Liberton Pk.	42	O12	Loganlea Pl.	21	P17	Magdalene Dr.	23	R15
Liberton Pl.	42	O12	Loganlea Rd.	21	P17	Magdalene Gdns.	23	R15
Liberton Rd.	33	O13	Loganlea Ter.	21	P17	Magdalene Ln.	23	R15
Liberton Sch. (Primary)	33	O13	Logie Grn. Gdns.	11	M18	Magdalene Medway	23	R15
Liberton Sch. (Secondary)	43	P12	Logie Grn. Ln.	11	M18	Magdalene Pl.	23	R15
			Logie Grn. Rd.	11	M18	Maidencraig Ct.	18	J17
Liberton Sch. Annexe	33	P13	Logie Mill	11	M18	Maidencraig Cres.	18	J17
Liberton Twr.	42	N12	Lomond Rd.	11	L19	Maidencraig Gro.	18	J17
Liddesdale Pl.	19	L17	London Rd.	7	N17	Main Point	20	M16
Lily Ter.	30	K14	London Rd., Dalk.	50	U10	Main St.	9	G18
Shandon Pl.			London St.	20	M17	Main St., Bal.	45	C9
Lilyhill Ter.	21	P17	London St. Sch.	20	M17	Mains of Craigmillar	34	P13
Limefield, Dalk.	43	Q11	Long Hermiston	27	D13	Maitland Av., Muss.	24	U15
Limes, The	31	L14	Longformacus Rd.	42	O12	Maitland Pk. Rd., Muss.	24	U15
Lindean Pl.	13	O18	Longstone Av.	29	H13	Maitland St., Muss.	24	U15
Linden Pl., Loanh.	48	P8	Longstone Cotts.	29	G13	Malcolmstone	37	D11
Lindsay Pl.	7	M16	*Longstone Rd.*			Mall Av., Muss.	25	V15
Chambers St.			Longstone Cres.	29	H14	Malleny Av., Bal.	45	C9
Lindsay Pl., Leith	12	N19	Longstone Gdns.	29	G14	Malleny Ho.	45	C9
Lindsay Rd.	12	N19	Longstone Gro.	29	H13	Malleny Millgate, Bal.	45	C8
Lindsay St.	12	N19	Longstone Pk.	29	H13	Malleny Pk.	45	C9
Linkfield Ct., Muss.	25	W15	Longstone Rd.	29	G13	(Currie R.F.C.)		
Linkfield Rd., Muss.	25	V15	Longstone Sch.	29	H13	Malta Grn.	19	L17
Links Av., Muss.	24	U16	Longstone St.	29	H13	*St. Bernard's Row*		
Links Gdns.	13	O19	Longstone Ter.	29	G14	Malta Ter.	19	L17
Links Gdns. La.	13	O19	Longstone Vw.	29	G14	Mandela Theatre	21	N17
Links La.	12	O19	Lonsdale Ter.	6	M15	Manderston St.	12	N18
Links Pl.	12	O19	Lord Russell Pl.	32	N15	Mannering Pl.	42	O12
Links St., Muss.	25	V15	*Causewayside*			Manor Pl.	19	L16
Links Vw., Muss.	24	U16	Loretto Ct., Muss.	24	U14	Manse Rd.	17	F15
Linksview Ho.	12	O19	Loretto Playing Flds.,			Manse St.	16	F15
Lismore Av.	21	P17	Muss.	25	V16	Mansfield Av., Muss.	25	V15
Lismore Cres.	21	P17	Loretto Primary Sch.,			Mansfield Ct., Muss.	25	V15
Lismore Sch.	22	Q15	Muss.	25	V15	Mansfield Pl.	20	M17
Little Acre, Dalk.	50	V8	Loretto Sch., Muss.	25	V15	Mansfield Pl., Muss.	25	V15
Little France Ho.	43	P12	Lorne Gro., Loanh.	47	O9	Mansfield Rd., Bal.	45	C9
Little France Mills	34	P13	Lorne Pl.	12	N18	Mansfield Rd., Muss.	25	V15
Little King St.	7	M17	Lorne Sch.	12	N18	Mansionhouse Rd.	32	M15
Little Rd.	42	O12	Lorne Sq.	12	N18	March Gro.	17	G17
Livingstone Pl.	32	M15	Lorne St.	12	N18	March Pines	17	G17
Lixmount Av.	11	M19	Lothian Bk., Dalk.	50	T9	March Rd.	17	G17
Lixmount Gdns.	11	M19	Lothian Dr., Dalk.	50	V8	Marchbank Dr., Bal.	45	C8
Loan, The, Loanh.	47	O8	Lothian Health Board	20	N16	Marchbank Gdns., Bal.	45	C8
Loanhead Hosp.	48	P8	Lothian Ho.	6	L16	Marchbank Grn., Bal.	45	C8
Loanhead Mem. Pk.	48	O8	Lothian Rd.	6	L16	Marchbank Pl., Bal.	45	C8
Loanhead Rd., Loanh.	47	O9	Lothian Rd., Dalk.	50	U10	Marchbank Way, Bal.	45	C9
Loanhead Sch.	48	P8	Lothian St.	7	M16	Marchfield Gdns.	9	G18
Loaning Cres.	21	P17	Lothian St., Bonny.	49	S8	*Hillhouse Rd.*		
Loaning Rd.	21	P17	Lothian St., Dalk.	50	U10	Marchfield Gro.	9	H18
Loch Rd.	17	H17	Lothianburn Golf Course	46	L10	Marchfield Pk.	9	G18
Lochend Av.	13	O18	Lovedale Av., Bal.	44	B9	Marchfield Pk. La.	9	G18
Lochend Castle Barns	21	O17	Lovedale Cres., Bal.	44	B9	Marchfield Ter.	17	H17
Lochend Clo.	7	N16	Lovedale Gdns., Bal.	44	B9	Marchhall Cres.	33	O15
Canongate			Lovedale Gro., Bal.	44	B9	Marchhall Pl.	33	O15
Lochend Cres.	21	P17	Lovedale Rd., Bal.	44	C9	Marchhall Rd.	33	O15
Lochend Dr.	21	O17	Lovers' Ln.	32	M15	Marchmont Cres.	32	M15
Lochend Gdns.	21	O17	Lower Broomieknowe,			Marchmont Rd.	32	M15
Lochend Gro.	21	P17	Lass.	49	R8	Marchmont St.	32	M15
Lochend Ho.	21	P17	Lower Gilmore Pl.	6	L15	Mardale Cres.	31	L14
Lochend Pk.	21	O17	Lower Granton Rd.	11	K20	Marine Dr.	9	F19
Lochend Pk. (street)	21	O17	Lower Joppa	23	S16	Marine Esp.	13	P19
Lochend Quad.	21	P17	Lower London Rd.	21	O17	Marine Gdns. Ind. Site	22	Q17
Lochend Rd.	12	O18	Lufra Bk.	11	L19	Marionville Av.	21	O17
Lochend Rd. N., Muss.	24	U15	Lugton Brae, Dalk.	50	T10	Marionville Cres.	21	P17
Lochend Rd. S.	21	O17	Lussielaw Rd.	32	N13	Marionville Dr.	21	P17
Lochend Rd. S., Muss.	24	U15	Lutton Pl.	20	N15	Marionville Gro.	21	P17
Lochend Sq.	21	O17	Lyceum Theatre	19	L16	Marionville Medway	21	P17
Lochrin Bldgs.	19	L15	Lygon Rd.	32	N13	Marionville Pk.	21	O17
Lochrin Pl.	6	L15	Lymphoy	45	D10	Marionville Rd.	21	O17
Lochrin Ter.	6	L15	Lyne St.	21	O17	Marischal Pl.	8	E18
Thornybauk			Lynedoch Pl.	6	L16	*Queensferry Rd.*		
Lochside Cres.	27	D15	Lynedoch Pl. La.	6	L16	Maritime La.	12	O19
Lochview Ct.	7	N16				Maritime St.	12	O19
Lockerby Cotts.	43	P11				Market St.	7	M16
Lockerby Cres.	43	P11	M.G.M. Cinema	6	L16	Market St., Muss.	24	U15
Lockerby Gro.	43	P11	Macbeth Moir Rd.,Muss.	25	X15	Marlborough St.	23	R16
Lockharton Av.	30	J13	MacDowall Rd.	32	N14	Marmion Cres.	33	O13
Lockharton Cres.	30	K13	Mackenzie Pl.	6	L17	Marshall Pl.	7	N17
Lockharton Gdns.	30	K14	Madeira Pl.	12	N19	*London Rd.*		
Logan St.	20	M17	Madeira St.	12	N19	Marshall St.	7	M16
Loganlea Av.	21	P17	Magdala Cres.	19	K16	Marshall's Ct.	7	N17
Loganlea Dr.	21	P17	Magdala Ms.	19	K16	Martello Ct.	9	H19

Street	Page	Grid	Street	Page	Grid	Street	Page	Grid
Martin Gro., Bonny.	49	S8	Meadowfield Ter.	21	P15	Milton Rd. E.	23	S15
Martin Pl., Dalk.	49	T9	Meadowhead	42	N12	Milton Rd. W.	22	Q15
Martin's Ct.	12	O19	Meadowhouse Rd.	17	G15	Milton St.	21	O17
Bernard St.			Meadows, The	20	M15	Milton Ter.	24	T16
Mary Erskine Sch., The	18	H16	Mearenside	16	E16	Minto St.	32	N15
Maryburn Rd., Dalk.	50	V8	Medical Sch.	7	M16	Mitchell St.	12	O19
Maryfield, Abbeyhill	21	N17	Medwin Ho.	28	F13	Mitchell St., Dalk.	50	T10
Maryfield, Portobello	22	R17	Meggetland Athletic Grd.	30	J14	Moat Dr.	30	J14
Maryfield Pl.	21	O17	Meggetland Gate	30	J14	Moat Ho.	30	J14
Maryfield Pl., Bonny.	49	S8	Meggetland Ter.	30	K14	Moat Pl.	30	J14
Mary's Pl.	19	L17	Melbourne Pl.	7	M16	Moat St.	30	J14
Raeburn Pl.			*George IV Bri.*			Moat Ter.	30	J14
Marytree Ho.	43	P12	Melgund Ter.	20	M17	Moira Pk.	22	Q17
Masson Hall	32	N14	Melville Castle Hotel	49	S9	Moira Ter.	22	Q17
Maulsford Av., Dalk.	51	R12	Melville Cres.	6	L16	Moncreiffe Ho.	43	P12
Maurice Pl.	32	M13	Melville Dr.	20	M15	Moncrieff Ter.	32	N15
Mavis Bk., Loanh.	48	P8	Melville Dykes, Lass.	49	S9	Monkbarns Gdns.	42	O12
Maxton Ct., Dalk.	50	U10	Melville Gate Rd., Dalk.	49	S10	Monkton Hall, Muss.	24	U14
Maxwell St.	31	L14	Melville Gra.	51	R10	Monktonhall Golf Course,	25	V14
May Ct.	9	H19	Melville Mains	48	R9	Muss.		
May Pk., Muss.	24	U15	Melville Nurseries	51	S10	Monktonhall Ho., Muss.	24	U14
Maybank Vills.	16	F15	Melville Pl.	6	L16	Monktonhall Pl., Muss.	24	U14
St. John's Rd.			*Queensferry St.*			Monktonhall Ter., Muss.	24	U14
Mayburn Av., Loanh.	47	O9	Melville St.	6	L16	Monkwood Ct.	32	M14
Mayburn Bk., Loanh.	47	O8	Melville St. La.	6	L16	Monmouth Ter.	11	L18
Mayburn Ct., Loanh.	47	O8	Melville Ter.	32	M15	Montagu Ter.	11	L18
Mayburn Cres., Loanh.	47	O9	Melville Ter., Dalk.	50	T9	Montague St.	7	N15
Mayburn Dr., Loanh.	47	O9	Melville Vw., Lass.	49	R8	Montgomery Pl. E.	20	N17
Mayburn Gro., Loanh.	47	O8	Mentone Av.	22	R17	Montgomery Pl. W.	20	N17
Mayburn Hill, Loanh.	47	O8	Mentone Gdns.	32	N14	Montgomery St.	20	N17
Mayburn Ln., Loanh.	47	O9	Mentone Ter.	32	N14	Montgomery St. La.	20	N17
Mayburn Ter., Loanh.	47	O9	Merchant St.	7	M16	Montpelier	31	L15
Mayburn Vale, Loanh.	47	O8	*Candlemaker Row*			Montpelier Pk.	31	L15
Mayburn Wk., Loanh.	47	O8	Merchiston Av.	31	L15	Montpelier Ter.	31	L15
Maybury	15	D15	Merchiston Bk. Av.	31	L14	Montrose Ter.	20	N17
Maybury Dr.	16	E16	Merchiston Bk. Gdns.	31	L14	Moorfield Cotts., Dalk.	51	S12
Maybury Gdns., Loanh.	47	O8	Merchiston Castle Sch.	39	H12	Moray Ho. Institute of	7	N16
Maybury Rd.	16	E17	Merchiston Cres.	31	L14	Education		
Mayfield Av., Muss.	24	U14	Merchiston Gdns.	31	K14	Moray Ho. Institute of	8	F19
Mayfield Ct., Loanh.	48	P8	Merchiston Gro.	30	K15	Physical Education		
High St.			Merchiston Ms.	31	L15	Moray Pl.	6	L17
Mayfield Cres., Loanh.	48	P8	Merchiston Pk.	31	L15	Moredun Dykes Rd.	43	P11
Mayfield Cres., Muss.	24	U14	Merchiston Pl.	31	L15	Moredun Ho.	43	P12
Mayfield Gdns.	32	N14	Mertoun Pl.	31	K15	Moredun Institute	43	P12
Mayfield Gdns. La.	32	N14	Meuse La.	7	M16	(Animal Diseases)		
Mayfield Pk., Muss.	24	U14	Mid Gillsland Rd.	31	K14	Moredun Pk. Ct.	43	P12
Mayfield Pl.	16	F15	Mid Hermiston	27	D13	Moredun Pk. Dr.	43	P12
Mayfield Pl., Muss.	24	U14	Mid Liberton	33	O13	Moredun Pk. Gdns.	43	P12
Mayfield Rd.	32	N14	Mid Lothian District	50	U10	Moredun Pk. Grn.	43	Q12
Mayfield Ter.	32	N14	Council H.Q., Dalk.			Moredun Pk. Gro.	43	Q12
Mayshade Rd., Loanh.	47	O9	Mid New Cultins	28	E13	Moredun Pk. Ln.	43	P12
Mayville Gdns. E.	11	M19	Mid Steil	31	K13	Moredun Pk. Rd.	43	P12
McDonald Pl.	12	M18	Mid Straiton Cotts.	47	O9	Moredun Pk. St.	43	P12
McDonald Rd.	12	M18	Middle Meadow Wk.	7	M15	Moredun Pk. Vw.	43	Q12
McDonald St.	12	N18	Middle Norton	26	A15	Moredun Pk. Wk.	43	Q12
McEwan Hall	7	M16	Middle Pier	11	K20	Moredun Pk. Way	43	P12
McKelvie Par.	11	L20	Middleby St.	32	N14	Moredun Sch.	43	P12
Mckinlay Ter., Loanh.	47	O8	Middlefield	12	N18	Moredunvale Bk.	43	P12
McLaren Rd.	33	O14	Middleknowe	38	F12	Moredunvale Grn.	43	P12
McLaren Ter.	19	L16	Middlemills	49	R9	Moredunvale Gro.	43	P12
McLeod St.	18	K15	Middlepark Ct.	38	F12	Moredunvale Ln.	43	P12
McLeod St. Sports Cen.	18	K15	*Westburn Middlefield*			Moredunvale Pk.	43	P12
McNeill Av., Loanh.	47	O8	Middleshot Ct.	38	F12	Moredunvale Pl.	43	P12
McNeill Pl., Loanh.	47	O8	*Westburn Middlefield*			Moredunvale Rd.	43	P12
McNeill St.	19	L15	Midmar Av.	32	M13	Moredunvale Vw.	43	P12
McNeill Ter., Loanh.	47	O8	Midmar Dr.	32	M13	Moredunvale Way	43	P12
McQuade St., Bonny.	49	S8	Midmar Gdns.	31	L13	Morgan Athletic Grd.	33	O14
Meadow La.	7	M15	Mill La.	12	N19	Morningside Cem.	31	L13
Meadow Pl.	32	M15	Millar Cres.	31	L14	Morningside Ct.	31	L13
Meadow Pl. La.	32	M15	Millar Pl.	31	L14	Morningside Dr.	31	K13
Meadow Pl. Rd.	28	F15	Millar Pl. La.	31	L14	Morningside Gdns.	31	K13
Meadow Rd., Currie	37	D12	Miller Row	6	L16	Morningside Gro.	31	K13
Meadowbank Av.	21	O17	Millerfield Pl.	32	M15	Morningside Pk.	31	L13
Meadowbank Cres.	21	O17	Millerhill Rd., Dalk.	35	R13	Morningside Pk. (street)	31	L14
Meadowbank Pl.	7	N17	Millhill, Muss.	25	V15	Morningside Pl.	31	L14
London Rd.			Millhill La., Muss.	25	V15	Morningside Rd.	31	L14
Meadowbank Sports Cen.	21	O17	Milnacre	12	M19	Morningside Ter.	31	L14
Meadowbank Ter.	21	O17	Milton Cres.	22	R15	Morrison Cres.	19	L15
Meadowfield	15	D16	Milton Dr.	23	S16	Morrison St.	6	L16
Meadowfield Av.	22	P16	Milton Gdns. N.	22	R15	Morton Ho.	41	M10
Meadowfield Ct.	22	P16	Milton Gdns. S.	22	R15	Morton Mains	41	M10
Meadowfield Dr.	21	P16	Milton Gro.	24	T16	Morton St.	23	S16
Meadowfield Gdns.	21	P15	Milton Link	23	S15	Mortonhall Crem.	42	N11
Meadowfield Pk.	21	P16	Milton Rd.	22	R15	Mortonhall Gdn. Cen.	42	N11

Name	Col2	Col3	Name	Col5	Col6	Name	Col8	Col9
Mortonhall Gate	42	N11	Murieston Cres. La.	19	K15	Nether Currie Rd., Currie	38	E11
Mortonhall Golf Course	41	L12	Murieston La.	19	K15	Nether Currie Sch.	38	E11
Mortonhall Pk. Av.	42	N11	Murieston Pl.	19	K15	Nether Lennie	15	C18
Mortonhall Pk. Bk.	42	O11	Murieston Rd.	19	K15	Netherbank	42	N11
Mortonhall Pk. Cres.	42	O11	Murieston Ter.	19	K15	Netherbank Vw.	42	N11
Mortonhall Pk. Dr.	42	O11	Murray Cotts.	16	F15	Netherbow Arts Cen.	7	N16
Mortonhall Pk. Gdns.	42	N11	Murray Home	43	P12	Netherby Rd.	11	L19
Mortonhall Pk. Grn.	42	N11	Murrayburn App.	28	F13	New Arthur Pl.	7	N16
Mortonhall Pk. Gro.	42	N11	Murrayburn Dr.	28	F13	New Belfield	22	Q16
Mortonhall Pk. Ln.	42	N11	Murrayburn Gdns.	29	G13	New Bells Ct.	12	O19
Mortonhall Pk. Pl.	42	O11	Murrayburn Gate	28	F13	New Broompark	10	K20
Mortonhall Pk. Ter.	42	O11	Murrayburn Grn.	29	G13	New Broughton	7	M17
Mortonhall Pk. Vw.	42	N11	Murrayburn Gro.	29	G13	New Coll.	20	M16
Mortonhall Pk. Way	42	N11	Murrayburn Pk.	29	F13	New John's Pl.	7	N15
Mortonhall Rd.	32	M14	Murrayburn Pl.	29	F13	New La.	12	M19
Morven St.	16	F17	Murrayburn Rd.	29	F13	New Mkt. Rd.	30	J14
Mossgiel Wk.	33	O13	Murrayburn Sch.	29	G13	New Mkts.	30	J14
Moston Ter.	32	N14	Murrayfield Av.	18	J16	New Mart Rd.	30	H14
Mound, The	6	M16	Murrayfield Dr.	18	J16	New Morrison St.	6	L16
Mound Pl.	6	M16	Murrayfield Gdns.	18	J16	New Orchardfield	12	N18
Mount Alvernia Convent	43	O12	Murrayfield Golf Course	17	G16	New St. Andrews Ho.	7	M17
Mount Gra.	32	M14	Murrayfield Hosp.	17	H16	New Skinners Clo.	7	N16
Mount Lo. Pl.	23	R16	Murrayfield Ho.	18	J16	*Blackfriars St.*		
Mount Royal Hotel	20	M16	Murrayfield Pl.	18	J16	New St.	7	N16
Mount Vernon Cem.	43	O12	Murrayfield Rd.	18	J16	New St., Hyvots Bank	43	P11
Mount Vernon Rd.	42	O12	Murrayfield Stadium	18	J15	New St., Muss.	24	U15
Mountbatten Building	6	M16	(S.R.U. Grd.)			New Swanston	40	K11
Mountcastle Bk.	22	Q16	Murrays, The	43	P10	Newbattle Abbey	50	U9
Mountcastle Cres.	22	Q16	Murrays Brae, The	43	P10	(College), Dalk.		
Mountcastle Dr. N.	22	Q16	Museum of Antiques	7	M17	Newbattle Abbey Cres.,	50	T8
Mountcastle Dr. S.	22	Q16	Museum of Childhood	7	M16	Dalk.		
Mountcastle Gdns.	22	Q16	*High St.*			Newbattle Abbey Hostel,	50	U9
Mountcastle Grn.	22	Q17	Music Hall	6	M16	Dalk.		
Mountcastle Gro.	22	Q16	Musselburgh Burgh Sch.,	25	V15	Newbattle Golf Course,	50	U9
Mountcastle Ln.	22	Q16	Muss.			Dalk.		
Mountcastle Pk.	22	Q16	Musselburgh Links, Muss.	25	V16	Newbattle Rd., Dalk.	50	T9
Mountcastle Cres.			Musselburgh Links Golf	25	W16	Newbattle Ter.	31	L14
Mountcastle Pl.	22	Q17	Course, Muss.			Newbigging, Muss.	25	V15
Mountcastle Ter.	22	Q16	Musselburgh Links Race	25	W16	Newcraighall Dr.,Muss.	35	S14
Mounthooly Ln.	41	M11	Course, Muss.			Newcraighall Ind. Est.	35	R14
Mountjoy Ter., Muss.	25	V16	Musselburgh Loretto Sch.,	25	V15	Newcraighall Pk.	35	T14
Mucklets Av., Muss.	24	U14	Muss.			Newcraighall Rd.	35	R14
Mucklets Ct., Muss.	24	U14	Musselburgh R.C. Sch.,	25	V15	Newcraighall Rd., Muss.	35	S14
Mucklets Cres., Muss.	24	U14	Muss.			Newcraighall Sch.	35	T14
Mucklets Dr., Muss.	24	U14	Musselburgh Rd.	23	S16	Newhailes, Muss.	24	T15
Mucklets Pl., Muss.	24	U14	Musselburgh Rd., Dalk.	50	U10	Newhailes Av., Muss.	24	U15
Muir Wd. Cres., Currie	38	E11	Musselburgh Sch., Muss.	25	V15	Newhailes Cres., Muss.	24	T15
Muir Wd. Dr., Currie	38	E11	Myreside Ct.	31	K13	Newhailes Rd., Muss.	24	T15
Muir Wd. Gro., Currie	38	E11	Myreside Rd.	31	K14	Newhaven Main St.	11	M20
Muir Wd. Pl., Currie	38	E11	Myrtle Ter.	30	K15	Newhaven Pl.	12	M20
Muir Wd. Rd., Currie	38	E11				Newhaven Rd.	12	M19
Muirdale Ter.	18	H17				Newhouse	36	B10
Muirend Av., Jun.G.	39	G12	Nantwich Dr.	13	Q18	Newington Cem.	33	O14
Muirfield Gdns., Loanh.	47	P8	Napier Rd.	31	K14	Newington Rd.	32	N15
Muirhouse Av.	10	H18	Napier University	31	K15	Newkirkgate	12	N18
Muirhouse Bk.	9	H18	(Bryson Rd.)			Newlands Pk.	32	N14
Muirhouse Cres.	10	H19	Napier University	30	J13	*Mayfield Gdns.*		
Muirhouse Dr.	9	H19	(Craiglockhart Campus)			Newmills Av., Currie	45	C10
Muirhouse Gdns.	9	H19	Napier University	32	M15	Newmills Cres., Currie	45	C10
Muirhouse Grn.	9	H18	(Marchmont)			Newmills Gro., Currie	45	C10
Muirhouse Gro.	9	H19	Napier University	31	L14	Newmills Rd., Currie	45	C10
Muirhouse Ln.	9	H19	(Merchiston Campus)			Newmills Rd., Dalk.	50	U10
Muirhouse Mains	9	H19	Napier University	28	F13	Newmills Ter., Dalk.	50	U10
Muirhouse Medway	9	H18	(Sighthill Campus)			*James Lean Av.*		
Muirhouse Pk.	9	H18	Napier University	31	K14	Newtoft St.	43	Q11
Muirhouse Pk. (street)	9	H18	(Spylaw Rd.)			Newton Ch. Rd., Dalk.	51	R12
Muirhouse Parkway	9	H19	National Gall.	6	M16	Newton St.	30	K15
Muirhouse Pl. E.	10	H18	National Library of	7	M16	Newton St., Dalk.	50	V8
Muirhouse Pl. W.	10	H18	Scotland			Newton Village, Dalk.	51	S12
Muirhouse Sch.	10	H18	National Library of	32	N15	Nicolson Sq.	7	N16
Muirhouse Ter.	9	H18	Scotland (Scottish			Nicolson St.	7	N16
Muirhouse Vw.	9	H19	Science Library)			Niddrie Cotts.	35	S14
Muirhouse Way	10	H18	Nazareth Ho.	49	R9	Niddrie Fm. Gro.	34	Q14
Muirpark, Dalk.	50	T9	Neidpath Ct.	16	E16	Niddrie Ho. Av.	34	Q14
Muirside	40	K11	*Craigievar Wynd*			Niddrie Ho. Dr.	34	Q14
Mulberry Pl.	12	M19	Nellfield	43	O12	Niddrie Ho. Gdns.	34	R14
Newhaven Rd.			Nelson Pl.	6	M17	Niddrie Ho. Gro.	34	R14
Munro Dr.	39	H11	*Dublin Meuse*			Niddrie Ho. Pk.	34	Q14
Munro Pl.	11	M18	Nelson St.	6	M17	Niddrie Mains Ct.	34	R14
Canonmills			Nether Craigour	34	P13	Niddrie Mains Dr.	34	Q14
Murano Pl.	20	N17	Nether Craigwell	7	N16	Niddrie Mains Rd.	34	P14
Murchison Ho.	32	N13	Nether Currie Cres.,	38	E11	Niddrie Mains Ter.	34	Q14
Murdoch Ter.	19	L15	Currie			Niddrie Marischal Cres.	34	Q14
Murieston Cres.	19	K15	Nether Currie Pl., Currie	38	E11	Niddrie Marischal Dr.	34	Q14

Name	Page	Grid	Name	Page	Grid	Name	Page	Grid
Niddrie Marischal Gdns.	34	Q14	Northfield Fm. Rd.	22	Q16	Orrok Pk.	33	O13
Niddrie Marischal Grn.	34	Q14	Northfield Gdns.	22	Q16	Orwell Pl.	19	K15
Niddrie Marischal Gro.	34	R14	Northfield Gro.	22	Q16	Orwell Sch.	19	K15
Niddrie Marischal Ln.	34	Q14	Northfield Pk.	22	Q16	Orwell Ter.	19	K15
Niddrie Marischal Pl.	34	Q14	Northfield Pk. Gro.	22	Q16	Osborne Ter.	19	K16
Niddrie Marischal Rd.	34	R14	Northfield Rd.	22	P16	Oswald Ct.	32	M14
Niddrie Marischal St.	34	Q14	Northfield Sq.	22	Q16	Oswald Rd.	32	M14
Niddrie Mill Av.	34	R14	Northfield Ter.	21	P16	Oswald Ter.	16	F15
Niddrie Mill Cres.	34	R15	*Willowbrae Rd.*			Otterburn Pk.	40	H12
Niddrie Mill Dr.	34	R14	Northlawn Ter.	9	G18	Outlook Twr. and Camera	6	M16
Niddrie Mill Gro.	34	R14	Northumberland Pl.	6	M17	Obscura		
Niddrie Mill Pl.	34	R14	*Northumberland St.*			Over Gogar	27	C13
Niddrie Mill Ter.	34	R14	Northumberland Pl. La.	6	M17	Oxcars Ct.	9	H19
Niddrie Policies	34	R14	Northumberland St.	6	M17	Oxcraig St.	11	K20
Niddrie Sch.	34	R14	Northumberland St. Lane,	6	M17	Oxford St.	20	N15
Niddry St.	7	M16	N.E.			Oxford Ter.	6	L17
Niddry St. S.	7	M16	Northumberland St. Lane,	6	M17	Oxgangs Av.	40	K11
Cowgate			N.W.			Oxgangs Bk.	40	K11
Nigel Ln.	42	O12	Northumberland St. Lane,	6	M17	Oxgangs Brae	40	K11
Nile Gro.	31	L14	S.E.			Oxgangs Bdy.	40	K11
Nisbet Ct.	13	O18	Northumberland St. Lane,	6	M17	Oxgangs Cres.	40	K12
Niven's Knowe Rd.,	47	N8	S.W.			Oxgangs Dr.	40	K12
Loanh.			Northview Ct.	10	H19	Oxgangs Fm. Av.	40	K11
Nivensknowe Caravan Pk.	47	N8	Norton Mains	26	A15	Oxgangs Fm. Dr.	40	K11
Noble Pl.	13	O18	Norton Pk.	21	O17	Oxgangs Fm. Gdns.	40	K11
North Bk. St.	20	M16	Norton Rd.	26	B14	Oxgangs Fm. Gro.	40	K11
North Bri.	7	M16				Oxgangs Fm. Ln.	40	K11
North Bri. Arc.	7	M16				Oxgangs Fm. Ter.	40	K11
North Bri.			Oak La.	17	G17	Oxgangs Gdns.	40	K12
North Bughtlin Bk.	16	E17	Oakfield Pl.	7	N16	Oxgangs Grn.	40	K12
North Bughtlin Brae	16	E17	Oaklands Sch.	29	G14	Oxgangs Gro.	40	K12
North Bughtlin Gate	16	E17	Oakville Ter.	13	O18	Oxgangs Hill	41	K12
North Bughtlin Neuk	16	E17	Observatory Grn.	32	N13	Oxgangs Ho.	40	K12
North Bughtlin Pl.	16	E17	Observatory Rd.	32	P13	Oxgangs Library	40	K11
North Bughtlin Rd.	16	E17	Ochiltree Gdns.	33	P13	Oxgangs Ln.	40	K12
North Bughtlinfield	16	E17	Odeon Cinema	7	N15	Oxgangs Medway	40	K11
North Bughtlinrig	16	E17	Ogilvie Ter.	31	K14	Oxgangs Pk.	40	K11
North Bughtlinside	16	E17	Old Assembly Clo.	7	M16	Oxgangs Path	40	K11
North Cairntow	33	P15	*High St.*			*Oxgangs Brae*		
North Castle St.	6	L17	Old Broughton	7	M17	Oxgangs Path E.	40	K11
North Charlotte St.	6	L16	Old Burdiehouse Rd.	42	O10	Oxgangs Pl.	40	K12
North Clyde St. La.	7	M17	Old Ch. La.	21	P15	Oxgangs Ri.	40	K12
North E. Circ. Pl.	6	L17	Old Dalkeith Rd.	33	O14	Oxgangs Rd.	40	K11
North Fort St.	12	N19	Old Dalkeith Rd., Dalk.	50	T10	Oxgangs Rd. N.	40	K11
North Grns.	34	R15	Old Edinburgh Rd., Dalk.	50	T10	Oxgangs Row	40	K11
North Gyle Av.	16	E15	Old Fm. Av.	40	J12	Oxgangs Sch.	40	J12
North Gyle Dr.	16	E16	Old Fm. Pl.	40	H12	Oxgangs St.	40	K11
North Gyle Fm. Ct.	16	E15	Old Fishmarket Clo.	7	M16	Oxgangs Ter.	40	K11
North Gyle Fm. La.	16	E15	Old Kirk Rd.	17	G16	Oxgangs Vw.	40	K11
North Gyle Gro.	16	E16	Old Mill La.	33	O13			
North Gyle Ln.	16	E16	Old Newmills Rd.,	45	C10			
North Gyle Pk.	16	E16	Currie			Paddock, The, Muss.	25	V16
North Gyle Rd.	16	E16	Old Pentland	47	N9	*Balcarres Rd.*		
North Gyle Ter.	16	E15	Old Quadrangle	7	M16	Paddockholm, The	17	G15
North High St., Muss.	24	U15	*South Bri.*			Paisley Av.	21	P16
North Hillhousefield	12	N19	Old Tolbooth Wynd	7	N16	Paisley Cres.	21	P16
North Junct. St.	12	N19	Old Waverley Hotel	7	M16	Paisley Dr.	21	P16
North Leith Mill	12	N19	Olive Bk. Pk., Muss.	24	U15	Paisley Gdns.	21	P16
North Leith Sands	12	N19	Olivebank Rd., Muss.	24	U15	Paisley Gro.	21	P16
North Meadow Wk.	6	M15	Orchard Bk.	18	K17	Paisley Ter.	21	P16
North Meggetland	30	K14	Orchard Brae	19	K17	Palmer Pl.	37	D10
North Merchiston Cem.	30	K15	Orchard Brae Av.	19	K17	Palmer Rd.	37	D11
North Pk. Ter.	19	L17	Orchard Brae Gdns.	19	K17	Palmerston Pl.	19	L16
North Peffer Pl.	33	P14	Orchard Brae Gdns. W.	18	K17	Palmerston Pl. La.	19	L16
North Richmond St.	20	N16	Orchard Brae Ho.	19	K17	*Palmerston Pl.*		
West Adam St.			Orchard Brae W.	19	K17	Palmerston Rd.	32	M15
North St. Andrew La.	7	M17	*Orchard Brae*			Pankhurst Ln., Dalk.	50	V10
North St. Andrew St.			Orchard Cres.	18	J17	Panmure Pl.	6	M15
North St. Andrew St.	7	M17	Orchard Dr.	18	J17	Pape's Cotts.	18	J16
North St. David St.	6	M17	Orchard Gdns.	18	J17	Paradykes Av., Loanh.	47	O8
North Wk., The	31	L13	Orchard Gro.	19	K17	Paradykes Sch.	47	O8
North Way, The	22	P16	Orchard Pl.	19	K17	Park Av.	22	R16
North Werber Pk.	10	K18	Orchard Rd.	18	K17	Park Av., Loanh.	47	O8
North Werber Rd.	10	K18	Orchard Rd. S.	18	J17	Park Av., Muss.	25	W15
North W. Circ. Pl.	6	L17	Orchard Ter.	18	K17	Park Ct., Muss.	25	W15
North Wynd, Dalk.	50	U10	Orchard Toll	18	K17	Park Cres.	42	O12
Northcote St.	19	K15	Orchard Vw., Dalk.	49	T9	Park Cres., Bonny.	49	R8
Northern General Hosp.	10	K18	Orchardfield Av.	17	F15	Park Cres., Loanh.	47	O8
Northfield Av.	22	P16	Orchardfield Ln.	12	N18	Park Gdns.	42	O12
Northfield Bdy.	22	P17	Orchardhead Ln.	42	O12	Park Grn.	42	O12
Northfield Circ.	22	P16	Orchardhead Rd.	42	O12	Park Gro. Pl., Muss.	25	W15
Northfield Cres.	22	P16	Ormelie Ter.	23	S16	Park Gro. Ter., Muss.	25	W15
Northfield Dr.	22	Q16	Ormidale Ter.	18	J17	Park Ho. Day Hosp., Muss.	25	W15
Northfield Fm. Av.	22	Q16	Ormiston Ter.	17	F15	Park La., Dalk.	50	T9

Name	Page	Grid	Name	Page	Grid	Name	Page	Grid
Park La., Muss.	25	W15	Pennywell Cotts.	10	H19	Pitt St.	12	N19
Park Pl.	11	M19	Pennywell Ct.	10	H19	Pittencrieff Ct.	11	M19
Park Rd.	11	M19	Pennywell Gdns.	9	H19	*Craighall Ter.*		
Park Rd., Bonny.	49	R8	Pennywell Gro.	9	H19	Pittendriech	49	R9
Park Rd., Dalk.	50	T9	Pennywell Medway	9	H19	Pittville St.	23	R16
Park Ter., Muss.	35	T14	Pennywell Pl.	9	H19	Pittville St. La.	23	R16
Park Vw., Loanh.	47	O8	Pennywell Rd.	10	H19	Place Charente, Dalk.	50	V10
Park Vw.	35	S14	Pennywell Vills.	10	H19	Playfair Steps	7	M16
(Newcraighall), Muss.			Pentland Av.	39	H11	*North Bk. St.*		
Park Vw. (Pinkie), Muss.	25	W15	Pentland Av., Currie	37	D10	Playhouse Theatre	7	N17
Parker Av.	22	Q17	Pentland Caravan Pk.	47	N8	Pleasance	7	N16
Parker Rd.	22	Q17	Pentland Cres.	41	L12	Pleasance Sports Cen.	7	N16
Parker Ter.	22	Q17	Pentland Dr.	41	K11	(Edinburgh University)		
Parkgrove Av.	16	F17	Pentland Gdn. Cen.	47	N8	Pleasance Theatre	7	N16
Parkgrove Bk.	16	F17	Pentland Gdns.	41	L12	Plewlands Av.	31	K13
Parkgrove Cres.	16	F17	Pentland Gro.	41	L12	Plewlands Gdns.	31	K13
Parkgrove Dr.	16	F17	Pentland Ho.	30	J14	Plewlands Ter.	31	K13
Parkgrove Gdns.	16	F17	Pentland Ind. Est.	47	N8	Pleydell Pl.	42	O12
Parkgrove Grn.	16	F17	Pentland Mains	46	N8	Pollock Halls	33	O15
Parkgrove Ln.	16	F17	Pentland Pl., Currie	37	D10	Polton Gdns., Bonny.	48	R8
Parkgrove Neuk	16	F17	Pentland Rd.	39	H12	Polton Ho.	48	Q8
Parkgrove Path	16	F17	Pentland Rd., Bonny.	48	R8	Polton Rd., Loanh.	48	P8
Parkgrove Ter.			Pentland Rd., Loanh.	46	M9	Polton St., Bonny.	49	R8
Parkgrove Pl.	16	F17	Pentland Ter.	41	L12	Polwarth Cres.	31	L15
Parkgrove Rd.	16	F17	Pentland Vw., Comiston	41	L11	Polwarth Gdns.	31	K15
Parkgrove Row	16	F17	Pentland Vw., Currie	37	D10	Polwarth Gro.	31	K15
Parkgrove St.	16	F17	Pentland Vw., Dalk.	50	V9	Polwarth Pk.	31	K15
Parkgrove Ter.	16	F17	Pentland Vw. Ct.	37	D10	Polwarth Pl.	31	K15
Parkgrove Vw.	16	F17	People's Story	7	N16	Polwarth Ter.	31	K14
Parkhead Av.	29	G13	Persevere Ct.	12	N19	Ponton St.	6	L15
Parkhead Cres.	29	G13	Perth St.	19	L17	Poplar La.	12	O19
Parkhead Dr.	29	G13	Pettigrew's Clo., Dalk.	50	U10	Port Royal Golf Range	14	A16
Parkhead Gdns.	29	G13	Peveril Ter.	42	O12	Porterfield Rd.	10	K18
Parkhead Gro.	29	G13	Picardy Pl.	7	M17	Portgower Pl.	19	L17
Parkhead Ln.	29	G13	Pier Pl.	11	M20	Portland Pl.	12	N19
Parkhead Pl.	29	G13	Piersfield Gro.	21	P17	*North Junct. St.*		
Parkhead St.	29	G13	Piersfield Pl.	21	P17	Portland St.	12	N19
Parkhead Ter.	29	G13	Piersfield Ter.	21	P17	Portland Ter.	12	N19
Parkhead Vw.	29	G13	Piershill Cem.	22	Q17	*North Junct. St.*		
Parkside Pl., Dalk.	50	U10	Piershill Gro.	21	P17	Portobello Cem.	23	S15
Parkside St.	7	N15	Piershill Pl.	21	P17	Portobello Golf Course	22	R16
Parkside Ter.	20	N15	Piershill Sch.	21	P16	Portobello High St.	22	R17
Parkvale Pl.	13	O18	Piershill Sq. E.	21	P17	Portobello Rd.	22	P17
Parliament Ho.	7	M16	Piershill Sq. W.	21	P17	Portobello Sch.	22	Q16
Parliament Pl.	12	N19	Piershill Ter.	21	P17	Portobello Sch. Annexe	22	R16
Parliament St.			Pillars, The	43	P12	Portsburgh Sq.	6	M16
Parliament Sq.	7	M16	Pilrig Cotts.	12	N18	*West Port*		
Parliament Sq., Leith	12	M20	Pilrig Gdns.	12	N18	Post Ho. Hotel	17	G15
Newhaven Pl.			Pilrig Glebe	12	N18	Potterrow	7	M16
Parliament St.	12	N19	Pilrig Ho. Clo.	12	N18	Pottery, The	22	R17
Parrotshot	34	R15	Pilrig Pk.	12	N18	*Pipe La.*		
Parsonage, Muss.	25	V15	Pilrig Pk. Sch.	12	N18	Powderhall Stadium	12	M18
Parsons Grn. Sch.	21	P16	Pilrig Pl.	12	N18	Preston St. Sch.	32	N15
Parsons Grn. Ter.	21	P17	Pilrig St.	12	N18	Prestonfield Av.	33	O14
Patie's Rd.	40	J12	Pilton Av.	10	K19	Prestonfield Bk.	33	O14
Patie's Rd. Recreation Grd.	40	H12	Pilton Cres.	10	K19	Prestonfield Cres.	33	O14
Patrick Geddes Steps	20	M16	Pilton Dr.	10	K19	Prestonfield Gdns.	33	O14
Patriothall	19	L17	Pilton Dr. N.	10	K19	Prestonfield Golf Course	33	O15
Hamilton Pl.			Pilton Gdns.	10	K19	Prestonfield Pk.	33	O14
Pattison St.	12	O19	Pilton Ln.	10	K19	Prestonfield Rd.	33	O14
Peacock Ct.	12	M20	Pilton Pk.	10	K19	Prestonfield Sch.	33	O14
Newhaven Pl.			Pilton Pl.	10	K19	Prestonfield Ter.	33	O14
Peacocktail Clo.	35	R14	Pinkhill	17	G15	Priestfield Av.	33	O14
Pearce Av.	16	F16	Pinkie Av., Muss.	25	W15	Priestfield Cres.	33	O14
Pearce Gro.	16	F16	Pinkie Dr., Muss.	25	W15	Priestfield Gdns.	33	O14
Pearce Rd.	16	F16	Pinkie Hill Cres., Muss.	25	W15	Priestfield Gro.	33	O15
Peatville Gdns.	29	H13	Pinkie Ho., Muss.	25	V15	Priestfield Rd.	33	O15
Peatville Ter.	29	H13	Pinkie Mains, Muss.	25	W15	Priestfield Rd. N.	33	O15
Peel Pentland Cen.	47	O9	Pinkie Pl., Muss.	25	W15	Primrose Bk. Rd.	11	L19
Peel Ter.	32	N14	Pinkie Rd., Muss.	25	V15	Primrose Cres., Dalk.	50	V9
Peffer Bk.	33	P14	Pinkie St. Peter's Sch.,	25	W15	Primrose St.	12	O18
Peffer Pl.	33	P14	Muss.			Primrose Ter.	30	K15
Peffer St.	33	P14	Pinkie Ter., Muss.	25	W15	Primrose Ter., Dalk.	50	V9
Peffermill Ct.	33	P14	Pipe La.	22	R17	Prince Regent St.	12	N19
Peffermill Ho.	33	P14	Pipe St.	22	R17	Princes St.	6	L16
Peffermill Rd.	33	O14	Pirniefield Bk.	13	P18	Princess Alexandra Eye	6	M15
Peffermill Sch.	34	P14	Pirniefield Gdns.	13	P18	Pav.		
Peggy's Mill Rd.	8	E18	Pirniefield Gro.	13	P18	Princess Margaret	41	M11
Pembroke Pl.	19	K16	Pirniefield Pl.	13	P18	Rose Hosp.		
Pendreich Av., Bonny.	49	S8	Pirniefield Ter.	13	P18	Promenade	22	Q18
Pendreich Dr., Bonny.	49	S8	Pirniehall Sch.	10	J19	Promenade, Muss.	24	U16
Pendreich Grn., Bonny.	49	S8	Pirrie St.	12	N18	Promenade Ter.	22	R17
Pendreich Ter., Bonny.	49	S8	Pitlochry Pl.	21	O17	Prospect Bk. Cres.	13	O18
Pendreich Vw., Bonny.	49	S8	Pitsligo Rd.	31	L14	Prospect Bk. Gdns.	13	O18

Name	Page	Grid
Prospect Bk. Gro.	13	P18
Prospect Bk. Pl.	13	P18
Prospect Bk. Rd.	13	O18
Prospect Bk. Sch.	13	O18
Prospect Bk. Ter.	13	P18
Protein Fractionation Cen.	43	P12
Pryde Av., Bonny.	49	R8
Pryde Ter., Bonny.	48	R8
Quality St.	9	G18
Quality St. La.	9	G18
Quarry Clo.	20	N16
Quarry Cotts.	35	R14
Quarry Howe	45	C9
Deanpark Gro.		
Quarry Vw.	38	F12
Quarrybank	38	F12
Quarrybank Clo.	38	F12
Quarrybank Ct.	38	F12
Quarrybank End	38	F12
Quarryfoot Gdns., Bonny.	49	R8
Quarryfoot Grn.	49	R8
Quarryfoot Gdns.		
Quarryfoot Pl., Bonny.	49	R8
Quarryhole Pk.	12	O18
Quayside St.	12	N19
Queen Charlotte La.	12	O19
Queen Charlotte St.		
Queen Charlotte St.	12	O19
Queen Margaret Clo.	41	M11
Queen Margaret Coll.	17	F16
Queen St.	6	L17
Queen St. Gdns.	6	L17
Queen St. Gdns. E.	6	M17
Queen St. Gdns. W.	6	M17
Queen's Av.	18	H17
Queen's Av. S.	18	J17
Queen's Bay Cres.	23	S16
Queen's Cres.	32	N14
Queen's Dr.	21	O16
Queen's Gdns.	18	J17
Queen's Hall, The	20	N15
Queen's Pk. Av.	21	O17
Queen's Pk. Ct.	21	P16
Queen's Rd.	18	J17
Queen's Wk.	34	Q14
Queensberry Ho. Hosp.	20	N16
Queensferry Rd.	18	J17
(Blackhall)		
Queensferry Rd.	8	E18
(Cramond)		
Queensferry St.	6	L16
Queensferry St. La.	6	L16
Queensferry Ter.	18	K17
Quilts, The	12	N19
Quilts Wynd	12	N19
Raeburn Ms.	19	L17
Raeburn Pl.	19	L17
Raeburn St.	19	L17
Rae's Gdns., Bonny.	49	R8
Ramsay Annexe	22	Q17
(Stevenson Coll.)		
Ramsay Gdn.	6	M16
Ramsay La.	6	M16
Ramsay Pl.	22	R17
Randolph Cliff	6	L16
Randolph Cres.	6	L16
Randolph Hall	6	L16
Randolph La.	6	L16
Randolph Pl.	6	L16
Rankeillor St.	7	N15
Rankin Av.	32	N13
Rankin Dr.	32	N13
Rankin Rd.	32	N14
Rannoch Gro.	17	F17
Rannoch Pl.	32	N14
Rannoch Rd.	17	F17
Rannoch Ter.	16	F17
Ransfield	26	A13
Ransome Gdns.	16	F17
Ratcliffe Ter.	32	N14

Name	Page	Grid
Rathbone Pl.	22	R17
Ratho Pk. Golf Course	26	B13
Ratho Pk. Rd., Newbridge	26	A13
Ravelrig Hill, Bal.	44	B9
Ravelrig Pk., Bal.	44	B9
Ravelrig Rd., Bal.	44	B10
Ravelston Ct.	18	J16
Ravelston Dykes	18	J16
Ravelston Dykes La.	18	H16
Ravelston Dykes Rd.	18	H17
Ravelston Gdn.	18	J16
Ravelston Golf Course	17	H17
Ravelston Heights	18	J17
Ravelston Ho. Gro.	18	J17
Ravelston Ho. Ln.	18	J17
Ravelston Ho. Pk.	18	J17
Ravelston Ho. Rd.	18	J17
Ravelston Pk.	18	H17
Ravelston Pk. (street)	18	K17
Ravelston Pl.	19	K16
Belford Rd.		
Ravelston Ri.	18	J16
Ravelston Ter.	19	K17
Ravenscroft Gdns.	43	Q11
Ravenscroft Pl.	43	Q11
Ravenscroft St.	43	Q11
Ravenswood Av.	33	O13
Redbraes Gro.	12	M18
Redbraes Pk.	12	M18
Redbraes Pl.	12	M18
Redford	40	J11
Redford Av.	40	J11
Redford Bk.	40	J11
Redford Barracks	40	J12
Redford Cres.	40	J11
Redford Dr.	40	H11
Redford Gdns.	40	J11
Redford Gro.	40	J12
Redford Ln.	40	J11
Redford Neuk	40	J11
Redford Pl.	40	J12
Redford Rd.	40	J11
Redford Ter.	40	J11
Redford Wk.	40	J11
Redgauntlet Ter.	33	P13
Redhall Av.	29	H13
Redhall Bk. Rd.	29	H13
Redhall Cres.	29	H13
Redhall Dr.	29	H13
Redhall Gdns.	29	H13
Redhall Gro.	29	H13
Redhall Ho. Dr.	30	H13
Redhall Pk.	29	H13
Redhall Pl.	29	H13
Redhall Rd.	29	H13
Redhall Vw.	30	H13
Redheughs Av.	28	E14
Redheughs Muir	28	E14
Redheughs Rigg	28	E15
Reekie's Ct.	7	N16
Regent Bri.	7	M17
Waterloo Pl.		
Regent Gdns.	7	N17
Regent Pl.	21	O17
Regent Rd.	7	N16
Regent Rd. Pk.	7	N17
Regent St.	23	R16
Regent St. La.	23	R16
Regent Ter.	7	N17
Regent Ter. Ms.	7	N17
Regis Ct.	8	E18
Register Ho.	7	M17
Register Pl.	7	M17
Reid Ter.	19	L17
Reid's Clo.	7	N16
Reid's Ct.	7	N16
Canongate		
Relugas Gdns.	32	N14
Relugas Pl.	32	N14
Relugas Rd.	32	N14
Research Av. One, Currie	37	D12
Research Av. Two, Currie	37	D12
Research Pk. Rd., Currie	37	D12
Restalrig Av.	21	P17

Name	Page	Grid
Restalrig Circ.	13	P18
Restalrig Cres.	13	P18
Restalrig Dr.	21	P17
Restalrig Gdns.	21	P17
Restalrig Ho.	21	P17
Restalrig Pk.	13	O18
Restalrig Rd.	13	O18
Restalrig Rd. S.	21	P17
Restalrig Sq.	13	P18
Restalrig Ter.	12	O18
Riccarton Av., Currie	37	D11
Riccarton Cres., Currie	38	E11
Riccarton Dr., Currie	37	D11
Riccarton Gro., Currie	38	E11
Riccarton Mains	38	E12
Riccarton Mains Rd.,	38	E11
Currie		
Riccarton Sch.	38	E10
Richmond La.	7	N16
Richmond Pl.	7	N16
Richmond Ter.	19	L16
Riding Pk.	8	E18
Rillbank Cres.	20	M15
Rillbank Ter.	20	M15
Ringwood Pl.	42	O12
Rintoul Pl.	19	L17
Riselaw Cres.	41	L12
Riselaw Pl.	41	L12
Riselaw Rd.	41	L12
Riselaw Ter.	41	L12
Ritchie Pl.	31	K15
Riversdale Cres.	18	J15
Riversdale Gro.	18	J16
Riversdale Rd.	18	J16
Riverside Gdns., Muss.	24	U15
Roanshead Rd., Dalk.	50	V8
Robb's Ln.	30	J14
Robb's Ln. Gro.	30	J14
Robert Burns Dr.	33	O13
Robert Burn's Ms., Dalk.	50	V10
Robertson Av.	30	J15
Robertson's Clo.	7	N16
Robertson's Clo., Dalk.	50	U10
St. Andrew St.		
Robertson's Ct.	7	N16
Carlton Ter.		
Rocheid Pk.	10	K18
Rocheid Path	11	L18
Rochester Ter.	31	L14
Rockville Ter., Bonny.	49	R8
Roddinglaw	26	C14
Roddinglaw Rd.	26	C14
Rodney St.	20	M17
Roman Fort (Remains)	8	E20
Romero Pl.	33	N15
Ronaldson's Wf.	12	N19
Sandport Pl.		
Rose Pk.	11	L19
Rose St.	6	L16
Rose St. Lane, N.	6	L16
Rose St. Lane, S.	6	L16
Rosebank Cem.	12	N18
Rosebank Cotts.	6	L16
Rosebank Gdns.	11	L19
Rosebank Gro.	11	L19
Rosebank Rd.	11	L19
Rosebery Cres.	19	K16
Rosebery Cres. La.	19	K16
Rosebery Ho.	19	K16
Roseburn Av.	18	J16
Roseburn Cliff	18	J16
Roseburn Cres.	18	J16
Roseburn Dr.	18	J16
Roseburn Gdns.	18	J16
Roseburn Pk.	18	J16
Roseburn Pl.	18	J16
Roseburn Sch.	18	J15
Roseburn St.	18	J15
Roseburn Ter.	18	J16
Rosefield Av.	22	R16
Rosefield Av. La.	22	R16
Rosefield La.	22	R16
Rosefield Pk.	22	R16
Rosefield Pl.	22	R16

Name	Page	Grid
Rosefield St.	22	R16
Rosemount Bldgs.	6	L16
Roseneath Pl.	32	M15
Roseneath St.	32	M15
Roseneath Ter.	32	M15
Rosevale Pl.	13	O18
Rosevale Ter.	12	O18
Roseville Gdns.	11	M19
Ross Gdns.	32	N14
Ross Open Air Theatre	6	M16
West Princes St. Gdns.		
Ross Pl.	32	N14
Ross Rd.	33	O13
Rossie Pl.	21	O17
Rosslyn Cres.	12	N18
Rosslyn Ter.	12	N18
Rothesay Ms.	19	K16
Rothesay Pl.	19	L16
Rothesay Pl., Muss.	25	V15
Rothesay Ter.	19	L16
Roull Gro.	29	F15
Roull Pl.	29	G15
Roull Rd.	29	F15
Rowallan Ct.	16	E16
Craigievar Wynd		
Rowan Tree Av., Currie	45	D10
Rowan Tree Gro., Currie	45	D10
Roxburgh Pl.	7	N16
Roxburgh St.	7	N16
Roxburgh Ter.	7	N16
Drummond St.		
Roxburghe Hotel	6	L16
Royal (Dick) Veterinary Coll.	32	N15
Royal Bk. of Scotland	7	M17
Royal Blind Sch.	32	N14
Royal Botanic Gdn.	11	L18
Royal British Hotel	7	M17
Royal Burgess Golf Course	8	E18
Royal Circ.	6	L17
Royal Commonwealth Pool	32	N15
Royal Cres.	20	M17
Royal Edinburgh Hosp.	31	L14
Royal High Sch., The (Primary)	21	P16
Royal High Sch., The (Secondary)	9	F18
Royal Highland Showground	14	A15
Royal Hosp. for Sick Children	32	M15
Royal Infirmary	6	M16
Royal Lyceum Theatre	6	L16
Royal Mile Sch.	7	N16
Royal Museum of Scotland	7	M16
Royal Observatory	32	M13
Royal Pk. Pl.	21	O17
Royal Pk. Ter.	21	O17
Royal Scot Hotel	16	E15
Royal Scottish Acad.	6	M16
Royal Ter.	7	N17
Royal Ter. Gdns.	7	N17
Royal Ter. Hotel	7	N17
Royal Ter. Ms.	7	N17
Royal Victoria Hosp.	18	K17
Royston Ho.	10	J20
Royston Mains Av.	10	J19
Royston Mains Clo.	10	K19
Royston Mains Cres.	10	J19
Royston Mains Gdns.	10	K19
Royston Mains Grn.	10	K19
Royston Mains Pl.	10	J19
Royston Mains Rd.	10	K19
Royston Mains St.	10	J19
Royston Sch.	10	K19
Royston Ter.	11	L18
Rudolph Steiner Sch.	31	K14
Russell Pl.	11	L19
Russell Rd.	18	K15
Rustic Cotts.	30	J13
Colinton Rd.		
Rutherford Dr.	33	O13
Rutland Ct.	6	L16
Rutland Ct. La.	6	L16
Rutland Pl.	6	L16
West End		
Rutland Sq.	6	L16
Rutland St.	6	L16
Ryehill Av.	13	O18
Ryehill Gdns.	13	O18
Ryehill Gro.	13	O18
Ryehill Pl.	13	O18
Ryehill Ter.	13	O18
Saddletree Ln.	33	P13
Safeway Shopping Cen. (Gyle)	16	F15
Safeway Shopping Cen. (Piershill)	21	P17
Safeway Shopping Cen. (Silverknowes)	9	G18
Safeway Superstore (Hunter's Tryst)	40	K11
Sainsbury's Superstore (Craigleith)	18	J17
St. Alban's Rd.	32	M14
St. Andrew Pl.	12	O18
St. Andrew Sq.	7	M17
St. Andrew St., Dalk.	50	U10
St. Andrew's Ho.	7	N17
St. Anthony Ct.	12	N19
St. Anthony St.		
St. Anthony La.	12	N19
St. Anthony St.		
St. Anthony Pl.	12	N19
St. Anthony St.	12	N19
St. Augustine's Sch.	28	F14
St. Augustine's Sch. Sports Grd.	11	L18
St. Barnabas Ct.	43	Q12
St. Bernard's Cres.	6	L17
St. Bernard's Pl.	19	L17
Saunders St.		
St. Bernard's Row	19	L17
St. Bernard's Well	6	L17
St. Catherine's Gdns.	17	H15
St. Catherine's Pl.	32	M15
St. Catherine's Sch.	43	O11
St. Cecilia's Hall	7	N16
St. Clair Av.	12	O18
St. Clair Pl.	12	O18
St. Clair Rd.	12	O18
St. Clair St.	12	O18
St. Clair Ter.	31	K13
St. Colme St.	6	L16
St. Colm's Coll.	11	L18
St. Columba's Hospice	11	L19
St. Crispin's Sch.	32	N14
St. Cuthbert's Sch.	30	J14
St. David's Pl.	6	L16
Morrison St.		
St. David's Sch.	10	J18
St. David's Sch. (Primary), Dalk.	50	V9
St. David's Sch. (Secondary), Dalk.	50	U9
St. David's Ter.	6	L16
Morrison St.		
St. Denis and Cranley Sch.	31	K14
St. Fillan's Ter.	31	L13
St. Francis' Sch.	34	Q14
St. George's C of S Shandwick Pl.	6	L16
St. George's Sch.	18	K16
St. Giles' Cathedral	7	M16
St. Giles Cen.	29	G14
St. Giles' St.	7	M16
St. James Cen.	7	M17
St. James' Pl.	7	M17
St. James Sq.	7	M17
James Craig Wk.		
St. John St.	7	N16
St. John Vianney Sch.	33	O13
St. John's Av.	17	G15
St. John's Cres.	17	G15
St. John's Gdns.	17	G15
St. John's Mill	7	N16
St. John's Pl.	7	N16
Holyrood Rd.		
St. John's Rd.	16	F15
St. John's Sch.	22	R16
St. John's Ter.	17	G15
St. Joseph's Sch.	29	G14
St. Katharine's Brae	42	O11
St. Katharine's Cres.	42	O11
St. Katharine's Ln.	42	O11
St. Leonard's Bk.	7	N15
St. Leonard's Crag	7	N15
St. Leonard's Hill	7	N15
St. Leonard's La.	7	N15
St. Leonard's St.	20	N15
St. Margaret's Pk.	16	F15
St. Margaret's Pl.	32	M14
St. Margaret's Rd.	31	L14
St. Margaret's Sch.	33	O14
St. Margaret's Sch., Loanh.	47	P8
St. Mark's La.	23	R16
St. Mark's Pk.	12	M18
St. Mark's Pl.	23	R16
St. Mark's Sch.	40	K12
St. Mary's Cathedral (Episcopal)	6	L16
St. Mary's Cathedral (R.C.)	7	M17
St. Mary's Music Sch.	19	L16
St. Mary's Pl.	23	S16
St. Mary's Pl. La.	23	S16
St. Mary's Sch.	7	M17
St. Mary's Sch., Leith	13	O19
St. Mary's St.	7	N16
St. Michael's Av., Muss.	25	V15
St. Nicholas' Sch.	30	J15
St. Ninian's Dr.	16	F16
St. Ninian's Rd.	16	F16
St. Ninian's Sch.	21	P17
St. Ninian's Ter.	31	K13
St. Patrick Sq.	7	N15
St. Patrick St.	7	N15
St. Patrick's Sch.	7	N16
St. Peter's Bldgs.	19	L15
Gilmore Pl.		
St. Peter's Pl.	19	L15
St. Peter's Sch.	31	L14
St. Peter's Sch. Annexe	20	M15
St. Raphael's	32	M14
St. Ronan's Ter.	31	L13
St. Serf's Sch.	18	K16
St. Stephen Pl.	19	L17
St. Stephen St.		
St. Stephen St.	6	L17
St. Teresa Pl.	31	K14
St. Thomas of Aquin's Sch.	6	M15
St. Thomas Rd.	32	M14
St. Vincent St.	6	L17
Salamander Pl.	12	O19
Salamander St.	12	O19
Salisbury Pl.	32	N15
Salisbury Rd.	32	N15
Salmond Pl.	21	O17
Salter's Grn., Dalk.	50	V10
Salter's Rd., Dalk.	50	V10
Salter's Ter., Dalk.	50	V10
Saltire Ct.	19	L16
Saltire Society	7	M16
High St.		
Salvesen Cres.	9	H19
Salvesen Gdns.	9	H19
Salvesen Gro.	9	H19
Salvesen Ter.	9	H19
Sandford Gdns.	22	R16
Sandport	12	O19
Sandport Pl.	12	N19
Sandport St.	12	N19
Sauchiebank	18	K15
Saughton Av.	30	J15
Saughton Cem.	30	H14
Saughton Cres.	18	H15
Saughton Gdns.	18	H15
Saughton Gro.	18	H15
Saughton Ln.	18	H15

Name	Page	Grid
Saughton Mains Av.	29	G14
Saughton Mains Bk.	29	H14
Saughton Mains Cotts.	29	G14
Saughton Mains Gdns.		
Saughton Mains Dr.	29	G14
Saughton Mains Gdns.	29	G14
Saughton Mains Gro.	29	H14
Saughton Mains Ln.	29	G14
Saughton Mains Pk.	29	G14
Saughton Mains Pl.	29	G14
Saughton Mains St.	29	G14
Saughton Mains Ter.	29	G14
Saughton Pk.	30	H15
Saughton Pk. (street)	18	H15
Saughton Prison	29	H14
Saughton Rd.	29	G14
Saughton Rd. N.	29	G15
Saughtonhall Av.	18	H15
Saughtonhall Av. W.	18	H15
Saughtonhall Circ.	18	J15
Saughtonhall Cres.	18	H15
Saughtonhall Dr.	18	H15
Saughtonhall Gdns.	18	J15
Saughtonhall Gro.	18	J15
Saughtonhall Pl.	18	H15
Saughtonhall Ter.	18	J15
Saunders St.	6	L17
Savile Pl.	32	N14
Savile Ter.	32	N14
Saxe-Coburg Pl.	19	L17
Saxe-Coburg St.	19	L17
Saxe-Coburg Ter.	19	L17
Saxe-Coburg St.		
Scandic Crown Hotel	7	N16
School Brae	8	E19
School Brae, Lass.	48	R9
School Grn., Lass.	49	R9
Sciennes	32	N15
Sciennes Gdns.	32	N15
Sciennes Hill Pl.	32	N15
Sciennes		
Sciennes Ho. Dr.	32	N15
Sciennes		
Sciennes Ho. Pl.	32	N15
Sciennes Pl.	32	N15
Sciennes Rd.	32	M15
Sciennes Sch.	32	M15
Scollon Av., Bonny.	49	S8
Scone Gdns.	21	P17
Scotch Whisky Heritage Cen.	6	M16
Scotland St.	20	M17
Scotland St. La. E.	20	M17
Scotland St. La. W.	20	M17
Scott Monument	7	M16
Scottish Agricultural Coll.	32	N13
Scottish Agricultural Museum	14	A15
Scottish Experience, The	7	N16
Scottish Gall.	6	L16
Scottish Marine Biological Association	11	M19
Scottish National Gall. of Modern Art	19	K16
Scottish National Portrait Gall.	7	M17
Scottish Poetry Library	7	N16
Scottish Widows	20	N15
Scottish Youth Hostel Association Office	31	L15
Scottish Zoological Pk.	17	G16
Seacot	13	P18
Seafield Av.	13	P18
Seafield Cem.	13	P18
Seafield Crem.	13	P18
Seafield Ind. Est.	22	Q17
Seafield Moor Rd.	46	M9
Seafield Pl.	13	P18
Seafield Recreation Grd.	13	Q18
Seafield Rd.	13	P18
Seafield Rd. E.	22	Q17
Seafield St.	13	P18
Seafield Ter.	13	P18
Seafield Av.		
Seafield Way	13	Q18
Seaforth Dr.	18	J17
Seaforth Ter.	18	J17
Sealcarr St.	10	K20
Seaport St.	12	O19
Bernard St.		
Seaview Cres.	23	S16
Seaview Ter.	23	S16
Second Gait, Currie	37	D12
Semple St.	6	L16
Seton Pl.	32	N15
Shadepark Cres., Dalk.	50	U10
Shadepark Dr., Dalk.	50	U10
Shadepark Gdns., Dalk.	50	U10
Shaftesbury Pk.	30	K14
Shandon Cres.	30	K14
Shandon Pl.	30	K14
Shandon Rd.	30	K14
Shandon St.	30	K14
Shandon Ter.	30	K14
Shandwick Pl.	6	L16
Shanter Way	33	O13
Cumnor Cres.		
Sharpdale Ln.	33	O13
Shawfair	35	S13
Shaw's Pl.	12	N18
Shaw's Sq.	20	N17
Gayfield Sq.		
Shaw's St.	12	N18
Shaw's Ter.	12	N18
Sheraton Hotel	6	L16
Sheriff Bk.	12	N19
Sheriff Brae	12	N19
Sheriff Ct.	7	M16
Sheriff Pk.	12	N19
Shore	12	O19
Shore Pl.	12	O19
Shorthope St., Muss.	25	V15
Shrub Mt.	22	R17
Shrub Pl.	12	N18
Shrub Pl. La.	20	N17
Shrub Pl.		
Sienna Gdns.	32	N15
Sighthill Av.	29	G13
Sighthill Bk.	28	F13
Sighthill Ct.	28	F13
Sighthill Cres.	28	F13
Sighthill Dr.	28	F13
Sighthill Gdns.	29	F13
Sighthill Grn.	28	F13
Sighthill Gro.	29	G13
Sighthill Health Cen.	28	F13
Sighthill Ind. Est.	28	E14
Sighthill Ln.	28	F13
Sighthill Neuk	28	F13
Sighthill Pk.	28	F14
Sighthill Pk. (street)	29	F13
Sighthill Pl.	28	F13
Sighthill Ri.	28	F13
Sighthill Rd.	28	F13
Sighthill Sch.	28	F13
Sighthill St.	28	F13
Sighthill Ter.	29	F13
Sighthill Vw.	28	F13
Sighthill Wynd	28	F13
Silverknowes Av.	9	G18
Silverknowes Bk.	9	G18
Silverknowes Brae	9	G18
Silverknowes Ct.	9	G18
Silverknowes Cres.	9	G18
Silverknowes Dell	9	G18
Silverknowes Dr.	9	G18
Silverknowes Eastway	9	G18
Silverknowes Gdns.	9	G19
Silverknowes Golf Course	9	G19
Silverknowes Grn.	9	H18
Silverknowes Gro.	9	G19
Silverknowes Hill	9	G18
Silverknowes Ln.	9	G18
Silverknowes Midway	9	H18
Silverknowes Neuk	9	H18
Silverknowes Pk.	9	G19
Silverknowes Parkway	9	G19
Silverknowes Pl.	9	G19
Silverknowes Rd.	9	G19
Silverknowes Rd. E.	9	G18
Silverknowes Rd. S.	9	G18
Silverknowes Sch.	9	H18
Silverknowes Southway	9	H18
Silverknowes Ter.	9	G18
Silverknowes Vw.	9	H18
Simon Sq.	7	N16
Simpson Mem. Maternity Pav.	6	M15
Sir Harry Lauder Rd.	22	R16
Slaeside, Bal.	45	C9
Slateford Rd.	30	J14
Slateford Sta.	30	J14
Sleigh Dr.	21	O17
Sleigh Gdns.	21	P17
Sloan St.	12	N18
Smeaton Gro., Muss.	25	V14
Smithfield St.	30	J15
Smith's Pl.	12	N18
Smithy Grn. Av., Dalk.	51	R12
Society	7	M16
Chambers St.		
Solicitor's Bldgs.	7	M16
Cowgate		
Somerset Pl.	12	O18
Sour Howe	40	K11
South Barnton Av.	9	G18
South Beechwood	17	H15
South Bri.	7	M16
South Charlotte St.	6	L16
South Clerk St.	20	N15
South Coll. St.	7	M16
South E. Circ. Pl.	6	L17
South Elixa Pl.	22	P16
South Ettrick Rd.	31	K14
South Fort St.	12	N19
South Gayfield La.	20	N17
Gayfield Sq.		
South Gillsland Rd.	31	K14
South Gray St.	32	N14
South Gray's Clo.	7	N16
South Groathill Av.	18	J17
South Gyle Access	28	F14
South Gyle Bdy.	27	D15
South Gyle Cres.	28	E14
South Gyle Gdns.	28	E15
South Gyle Ln.	28	E15
South Gyle Mains	28	E15
South Gyle Pk.	28	E15
South Gyle Rd.	28	E15
South Gyle Shopping Cen.	15	D15
South Gyle Sta.	28	E15
South Gyle Wynd	28	F14
South Lauder Rd.	32	N14
South Laverockbank Av.	11	M19
South Learmonth Av.	19	K17
South Learmonth Gdns.	19	K17
South Lorne Pl.	12	N18
South Maybury	16	E15
South Meadow Wk.	32	M15
Roseneath Ter.		
South Mellis Pk.	22	Q16
South Morningside Sch.	31	L13
South Morton St.	23	S16
South Oswald Rd.	32	M14
South Oxford St.	32	N15
South Pk.	11	M19
South St. Andrew St.	7	M17
South St. David St.	7	M17
South Sloan St.	12	N18
South Steils	30	K13
South St., Dalk.	50	U10
South St., Muss.	24	U15
South Trinity Rd.	11	L19
Southfield Bk.	22	Q15
Southfield Fm. Gro.	22	Q16
Southfield Gdns. E.	22	Q16
Southfield Gdns. W.	22	Q16
Southfield Hosp.	43	P12
Southfield Ln.	22	Q15
Southfield Pl.	22	R16
Southfield Pl. N.	22	Q15
Southfield Sq.		

Name	Page	Grid	Name	Page	Grid	Name	Page	Grid
Southfield Pl. S.	22	Q15	Stenhouse Av. W.	29	H14	Stuart Grn.	16	E16
Southfield Sq.			Stenhouse Cotts.	29	H14	Stuart Pk.	16	E16
Southfield Rd. E.	22	Q15	Stenhouse Cres.	29	H14	Stuart Sq.	16	E16
Southfield Rd. W.	22	Q15	Stenhouse Cross	29	H14	Stuart Wynd	16	E16
Southfield Sq.	22	Q15	Stenhouse Dr.	29	G14	Student Cen.	7	M16
Southfield Ter.	22	Q15	Stenhouse Gdns.	29	H14	Succoth Av.	18	J16
Southfield Vills.	22	R16	Stenhouse Gdns. N.	29	H14	Succoth Ct.	18	J16
Stanley St.			Stenhouse Gro.	29	H14	Succoth Gdns.	18	J16
Southhouse Av.	42	O11	Stenhouse Mill Cres.	29	H14	Succoth Pk.	18	J16
Southhouse Bdy.	42	O10	Stenhouse Mill La.	29	H14	Succoth Pl.	18	J16
Southhouse Cres.	43	O10	Stenhouse Mill Wynd	29	H14	Suffolk Rd.	32	N14
Southhouse Gdns.	42	O10	Stenhouse Pl. E.	29	H14	Summer Bk.	20	M17
Southhouse Gro.	42	O10	Stenhouse Pl. W.	29	H14	Summer Pl.	11	M18
Southhouse Ln.	42	O11	Stenhouse Rd.	29	H14	Summer Trees Ct.	33	O13
Southhouse Medway	43	O11	Stenhouse Sch.	29	H14	Summerfield Gdns.	13	O18
Southhouse Paths	43	O11	Stenhouse St. E.	29	H14	Summerfield Pl.	13	O18
Southhouse Rd.	42	O11	Stenhouse St. W.	29	G14	Summerhall	32	N15
Southhouse Sq.	43	O10	Stenhouse Ter.	29	H14	Summerhall Pl.	32	N15
Southhouse Ter.	43	P11	Stennis Gdns.	43	P12	*Causewayside*		
Soutra Ct.	43	O11	Stevenlaw's Clo.	7	M16	Summerhall Sq.	32	N15
Spa Pl.	22	R17	*High St.*			Summerside Pl.	12	M19
Spalding Cres., Dalk.	50	U10	Stevenson Av.	30	J15	Summerside St.	12	M19
Spence St.	33	N15	Stevenson Coll. of	28	F14	Sunbury Ms.	19	K16
Spencer Pl.	11	L19	Further Education			Sunbury Pl.	19	K16
Spey St.	12	N18	Stevenson Dr.	29	H14	Sunbury St.	19	K16
Spey St. La.	12	N18	Stevenson Gro.	30	J15	Sunnybank Pl.	21	O17
Spey Ter.	12	N18	Stevenson Rd.	30	J15	Sunnybank Ter.	21	O17
Spiers Pl.	12	N19	Stevenson Ter.	30	J15	Sunnyside	21	O17
Spinney, The	43	P11	Stewart Av., Currie	37	D10	Surgeon Sq.	7	N16
Spittal St.	6	L16	Stewart Cres., Currie	37	D10	*Infirmary St.*		
Spittalfield Cres.	20	N15	Stewart Gdns., Currie	37	D10	Surgeons' Hall	7	N16
St. Leonard's St.			Stewart Pl., Currie	37	D10	Surrey Pl.	19	K16
Spottiswoode Rd.	32	M15	Stewart Rd., Currie	37	D10	*Borthwick Pl.*		
Spottiswoode St.	32	M15	Stewart Ter.	30	J15	Surrey Sq.	19	K16
Spring Gdns.	21	O17	Stewartfield	12	M18	*Sutherland St.*		
Springfield	12	N18	Stewart's Melville Coll.	19	K17	Sutherland St.	19	K16
Springfield Bldgs.	12	N18	Stewart's Melville Coll.	11	K18	Swan Spring Av.	41	L12
Springfield St.			Sports Grd.			Swanfield	12	N19
Springfield St.	12	N18	Stirling Rd.	11	L19	Swanston Av.	41	L11
Springvalley Gdns.	31	L14	Stockbridge Health Cen.	6	L17	Swanston Cottage	40	K10
Springvalley Ter.	31	L14	Stockbridge Sch.	19	L17	Swanston Cotts.	41	L10
Springwell Ho. Health	30	K15	Stoneybank Av., Muss.	24	U14	Swanston Cres.	41	L11
Cen.			Stoneybank Ct., Muss.	24	U15	Swanston Dr.	41	L10
Springwell Pl.	19	K15	Stoneybank Cres., Muss.	24	U14	Swanston Gdns.	41	L11
Springwood Pk.	42	O12	Stoneybank Dr., Muss.	24	U15	Swanston Golf Course	40	K10
Spylaw Av.	39	G12	Stoneybank Gdns., Muss.	24	U15	Swanston Grn.	41	L11
Spylaw Bk. Rd.	39	G12	Stoneybank Gdns. N.,	24	U15	Swanston Gro.	41	L10
Spylaw Ho.	39	H11	Muss.			Swanston Ho.	41	K10
Spylaw Pk.	39	H11	Stoneybank Gdns. S.,	24	U14	Swanston Ln.	41	L11
Spylaw Pk. (street)	39	G12	Muss.			Swanston Muir	40	K11
Spylaw Rd.	31	K14	Stoneybank Grn., Muss.	24	U14	Swanston Pk.	41	L11
Spylaw St.	39	H11	Stoneybank Pl., Muss.	24	U14	Swanston Pl.	41	L11
Square, The, Dalk.	51	R12	Stoneybank Rd., Muss.	24	U14	Swanston Rd.	41	L11
Stable La.	31	L14	Stoneybank Ter., Muss.	24	U14	Swanston Row	41	L11
Stafford St.	6	L16	Stoneyhill Av., Muss.	24	U15	Swanston Ter.	41	L11
Stair Pk.	18	J16	Stoneyhill Ct., Muss.	24	U15	Swanston Vw.	41	L11
Stakis Commodore Hotel	9	G20	Stoneyhill Cres., Muss.	24	U15	Swanston Way	41	L11
Stakis Edinburgh	14	B16	Stoneyhill Dr., Muss.	24	U15	Sycamore Gdns.	29	G15
Airport (Hotel)			Stoneyhill Fm. Rd., Muss.	24	U15	*Saughton Rd. N.*		
Stakis Grosvenor Hotel	6	L16	Stoneyhill Grn., Muss.	24	U15	Sycamore Ter.	17	G15
Stanedykehead	42	N11	Stoneyhill Ho., Muss.	24	U15	Sydney Pk.	22	Q17
Stanhope Pl.	19	K16	Stoneyhill Pl., Muss.	24	U15	Sydney Pl.	22	Q17
Stanhope Pl. W.	19	K16	Stoneyhill Ri., Muss.	24	U15	Sydney Ter.	22	Q17
Stanhope Pl.			Stoneyhill Rd., Muss.	24	U15	Sylvan Pl.	20	M15
Stanhope St.	19	K16	Stoneyhill Ter., Muss.	24	U15	Synagogue	32	N15
Stanley Pl.	21	O17	Stoneyhill Wynd, Muss.	24	U15			
Stanley Rd.	11	M19	Storrie's All.	12	N19			
Stanley St.	22	R16	*Giles St.*			Tait St., Dalk.	50	U10
Stanwell St.	12	N18	Strachan Gdns.	17	H17	Talisman Pl.	33	O13
Stapeley Av.	22	Q17	Strachan Rd.	18	H17	Tanfield	11	M18
Starbank Pk.	11	M19	Straiton	47	O9	Tanfield La.	11	M18
Starbank Rd.	11	M19	Straiton Caravan Pk.	47	N9	*Tanfield*		
Stark's Cotts.	40	K12	Straiton Mains, Loanh.	47	O9	Tantallon Pl.	32	N15
Oxgangs Rd. N.			Straiton Pl.	23	R17	Tarvit St.	6	L15
Station Brae	22	R16	Straiton Rd., Loanh.	47	N8	Tay St.	31	K15
Station Ln., Bal.	45	C10	Strathalmond Ct.	8	D18	Taylor Gdns.	12	N19
Station Rd.	17	G15	Strathalmond Grn.	8	D18	Taylor Pl.	21	O17
Station Rd., Dalk.	50	T9	Strathalmond Pk.	15	D17	Taylor Pl., Dalk.	50	V9
Station Rd., Loanh.	48	P8	Strathalmond Rd.	15	D17	Telephone Ho.	30	J15
Station Rd., Muss.	24	U15	Strathearn Pl.	31	L14	Telfer Subway	19	K15
Stead's Pl.	12	N18	Strathearn Rd.	32	M14	Telferton	22	Q17
Steel's Pl.	31	L14	Strathfillan Rd.	32	M14	Telford Coll. of Further	10	K18
Steils, The	40	K12	Strawberry Bk., Dalk.	50	T9	Education		
Stenhouse Av.	29	H14	Stuart Cres.	16	E16	Telford Dr.	10	J18

Name	Page	Grid
Telford Gdns.	10	J18
Telford Pl.	10	J18
Telford Rd.	18	J17
Temple Pk. Cres.	31	K15
Templeland Gro.	16	F16
Templeland Rd.	16	F16
Tennant St.	12	N18
Teviot Pl.	7	M16
Teviotdale Pl.	19	L17
Theatre Workshop	19	L17
Third Gait, Currie	37	D12
Thirlestane La.	32	M14
Thirlestane Rd.	32	M15
Thistle Ct.	6	M17
Thistle St.		
Thistle Foundation Homes	34	Q14
Thistle Pl.	19	L15
Thistle St.	6	M17
Thistle St. Lane, N.E.	6	M17
Thistle St. Lane, N.W.	6	M17
Thistle St. Lane, S.E.	6	M17
Thistle St. Lane, S.W.	6	M17
Thomas Clouston Clinic	29	K13
Thomson Cres., Currie	38	E11
Thomson Dr., Currie	38	E11
Thomson Gro., Currie	38	E11
Thomson Rd., Currie	38	E11
Thomson's Ct.	6	M16
Grassmarket		
Thorburn Gro.	40	J11
Thorburn Rd.	40	H11
Thorntree St.	12	O18
Thorntreeside	12	O18
Thornville Ter.	12	O18
Thornybank Ind. Est.	50	V10
Thornybauk	6	L15
Threipmuir Av., Bal.	45	C8
Threipmuir Gdns., Bal.	45	C8
Threipmuir Pl., Bal.	45	C8
Ticket Cen. and Tattoo Office	7	M16
Timber Bush	12	O19
Tinto Pl.	12	N18
Tipperlinn Rd.	31	L14
Tobago Pl.	6	L16
Morrison St.		
Todhills	51	R11
Tolbooth Wynd	12	N19
Tollcross	19	L15
Tollcross Sch.	6	L15
Torduff Reservoir	39	G10
Torduff Rd.	39	H10
Torphichen Pl.	6	L16
Torphichen St.	6	L16
Torphin Hill Golf Course	39	G10
Torphin Rd.	39	G11
Torrance Pk.	16	F17
Torsonce Rd., Dalk.	50	T9
Toward Ct.	16	E16
Craigievar Wynd		
Tower Fm.	42	N12
Tower Pl.	12	O19
Tower St.	12	O19
Tower St. La.	12	O19
Towerbank Sch.	23	R17
Town Hall, Leith	12	N19
Town Hall, Portobello	22	R16
Townswomen's Guild Wk.	20	M15
Trafalgar La.	12	N19
Trafalgar St.	12	N19
Traprain Ter., Loanh.	48	P8
Traquair Pk. E.	17	G15
Traquair Pk. W.	17	G15
Traverse Theatre	6	L16
Trefoil Sch.	27	C13
Trench Knowe	41	L11
Tressilian Gdns.	33	O13
Trinity Acad.	11	M19
Trinity Academy, Telford Coll. Annexe	12	M19
Trinity Ct.	11	L19
Trinity Cres.	11	L19
Trinity Gro.	11	L19
Trinity Mains	11	L19
Trinity Rd.	11	L19
Trinity Sch.	12	M19
Tron Sq.	7	M16
Tryst Pk.	40	K11
Turlies, The	39	G12
Hailes Gdns.		
Turnbull's Entry	7	M16
Potterrow		
Turner Av., Bal.	44	B10
Turner Pk., Bal.	44	C10
Turnhouse Fm. Rd.	15	C17
Turnhouse Golf Course	15	C16
Turnhouse Rd.	15	D16
Tyler's Acre Av.	29	G15
Tyler's Acre Gdns.	29	G15
Tyler's Acre Rdgs.	29	G15
Tynecastle Bldgs.	18	K15
McLeod St.		
Tynecastle La.	18	K15
Tynecastle Pk. (Hearts F.C.)	18	K15
Tynecastle Pl.	30	H14
Gorgie Rd.		
Tynecastle Sch.	18	K15
Tynecastle Sch. Annexe	30	J15
Tynecastle Ter.	30	H14
Gorgie Rd.		
UCI Cinema	35	S14
Ulster Cres.	21	P16
Ulster Dr.	21	P16
Ulster Gdns.	21	P16
Ulster Gro.	21	P16
Ulster Ter.	21	P16
Union Ct.	7	N16
Richmond Pl.		
Union Pl.	7	N17
Union St.	7	N17
University Library	7	M15
University of Edinburgh	7	M16
Upper Bow	20	M16
Upper Broomieknowe, Lass.	49	R8
Upper Coltbridge Ter.	18	J16
Upper Craigour	34	P13
Upper Craigour Way	34	P13
Upper Cramond Ct.	8	E18
Upper Damside	19	K16
Upper Dean Ter.	19	L17
Upper Gilmore Pl.	19	L15
Upper Gilmore Ter.	19	L15
Upper Gray St.	32	N15
Upper Gro. Pl.	6	L15
Usher Hall	6	L16
Usher Institute	32	M15
Valleyfield St.	6	L15
Vanburgh Pl.	12	O18
Vandeleur Av.	22	Q17
Vandeleur Gro.	22	Q17
Vandeleur Pl.	22	Q17
Veitch's Sq.	19	L17
Vennel	6	M16
Ventnor Pl.	33	O14
Ventnor Ter.	32	N14
Vernon Cotts.	23	R16
Pittville St. La.		
Vexhim Pk.	35	R15
Victor Pk. Ter.	16	F16
Victoria Pk.	12	M19
Victoria Sch.	12	M20
Victoria St.	7	M16
Victoria Ter.	7	M16
Victoria St.		
Victoria Ter., Muss.	25	W15
View Bk., Bonny.	49	S8
Viewbank Av., Bonny.	49	S9
Viewbank Cres., Bonny.	49	S8
Viewbank Dr., Bonny.	49	S8
Viewbank Rd., Bonny.	49	R8
Viewbank Vw., Bonny.	49	S8
Viewcraig Gdns.	7	N16
Viewcraig St.	7	N16
Viewfield, Bonny.	49	S8
Viewfield Rd., Jun.G.	39	G12
Viewforth	31	L15
Viewforth Gdns.	31	L15
Viewforth Sq.	31	L15
Viewforth Ter.	31	L15
Viewpark Gdns., Bonny.	49	R8
Violet Bk.	21	O17
Spring Gdns.		
Violet Ter.	31	K15
Vivian Ter.	9	G18
Waddell Pl.	12	N18
Wadingburn La., Lass.	48	Q9
Wadingburn Rd., Lass.	48	Q8
Wakefield Av.	22	Q17
Walker Cres., Dalk.	49	S9
Walker St.	6	L16
Walker Ter.	19	L16
Walkers Ct.	29	G13
Walkers Rigg	29	G13
Walkers Wynd	29	G13
Walter Scott Av.	33	O13
Wanton Walls	24	T15
Wardie Av.	11	L19
Wardie Cres.	11	K19
Wardie Dell	11	L19
Wardie Gro.	11	K19
Wardie Ho. La.	11	L19
Boswall Rd.		
Wardie Pk.	11	L19
Wardie Rd.	11	L19
Wardie Sch.	11	L19
Wardie Sq.	11	L19
Wardie Steps	11	L19
Wardieburn Dr.	11	K19
Wardieburn Pl. E.	10	K19
Wardieburn Pl. N.	10	K19
Wardieburn Pl. S.	10	K19
Wardieburn Pl. W.	10	K19
Wardieburn Rd.	10	K19
Wardieburn St. E.	10	K19
Wardieburn St. W.	10	K19
Wardieburn Ter.	10	K19
Wardiefield	11	K19
Wardlaw Pl.	30	K15
Wardlaw St.	30	K15
Wardlaw Ter.	30	K15
Warrender Pk. Cres.	31	L15
Warrender Pk. Rd.	32	M15
Warrender Pk. Ter.	32	M15
Warriston	36	C11
Warriston Av.	11	M18
Warriston Cem.	11	M18
Warriston Clo.	7	M16
High St.		
Warriston Crem.	11	M18
Warriston Cres.	11	M18
Warriston Dr.	11	L18
Warriston Gdns.	11	L18
Warriston Gro.	11	L18
Warriston Pl.	11	M18
Warriston Rd.	11	M19
Warriston Ter.	11	L18
Washington La.	19	K15
Washington St.	19	K15
Water St.	12	O19
Waterloo Pl.	7	M17
Water's Clo.	12	O19
Shore		
Waterside Ct.	18	J16
Coltbridge Av.		
Watertoun Rd.	32	N14
Watson Cres.	31	K15
Watson's Bldgs.	9	G18
Main St.		
Watts Clo., Muss.	24	U15
Wauchope Av.	34	Q14
Wauchope Cres.	34	Q14
Wauchope Ho.	34	Q14
Wauchope Pl.	34	Q14

Name	Pg	Grid
Wauchope Rd.	34	Q14
Wauchope Sq.	34	Q14
Wauchope Ter.	34	Q14
Waugh Path, Bonny.	49	S8
Waulkmill Ln., Currie	45	D10
Waverley Bri.	7	M16
Waverley Cres., Bonny.	49	S8
Waverley Dr., Bonny.	49	S8
Waverley Mkt.	7	M16
Waverley Pk.	21	O17
Waverley Pk., Bonny.	49	S8
Waverley Pk. Ter.	21	O17
Waverley Pl.	21	O17
Waverley Rd., Bonny.	49	S8
Waverley Rd., Dalk.	50	T9
Waverley Sta.	7	M16
Waverley Steps	7	M16
Waverley Ter., Bonny.	49	S8
Weaver's Knowe Cres.	37	D11
Websters Land	6	M16
West Port		
Wedderburn Ho., Muss.	25	V14
Wedderburn Ter., Muss.	25	V14
Wee Brae, Lass.	49	R9
Weir Ct.	29	F13
Weir Cres., Dalk.	50	T9
Well Ct.	19	L16
Wellington Pl.	12	O19
Wellington St.	7	N17
Wemyss Pl.	6	L17
Wemyss Pl. Ms.	6	L17
West Adam St.	7	N16
West Annandale St.	12	M18
West App. Rd.	6	L15
West Bow	6	M16
West Bowling Grn. St.	12	N19
West Brighton Cres.	22	R16
West Bryson Rd.	31	K15
West Caiystane Rd.	41	L11
West Carnethy Av.	39	H11
West Castle Rd.	31	L15
West Catherine Pl.	18	K16
West Coates	18	K16
West Coll. St.	7	M16
West Ct., Niddrie	34	Q14
West Ct., Ravelston	18	J17
West Craigs	15	D16
West Craigs Av.	15	D15
West Craigs Cres.	15	D15
West Craigs Grn.	16	E15
West Craigs Business Pk.	15	D16
West Cft., Newbridge	26	A13
West Cromwell St.	12	N19
Cromwell Pl.		
West Crosscauseway	7	N15
West Edge Fm.	43	P10
West End	6	L16
West End Pl.	19	K15
West Ferryfield	11	K18
West Fountain Pl.	19	K15
West Gorgie Parks	30	J14
West Gra. Gdns.	32	M14
Grange Ln.		
West Granton Cres.	10	H19
West Granton Dr.	10	J19
West Granton Gdns.	10	J19
West Granton Grn.	10	H19
West Granton Gro.	10	J19
West Granton Ln.	10	J19
West Granton Pl.	10	H19
West Granton Rd.	10	J19
West Granton Row	10	J19
West Granton Ter.	10	J19
West Granton Vw.	10	J19
West Harbour Rd.	10	K20
West Hermiston	27	D13
West Holmes Gdns., Muss.	24	U15
West Mains Rd.	32	N13
West Maitland St.	19	L16
West Mayfield	32	N14
West Mill La.	19	K17
Dean Path		
West Mill Rd.	39	G11
West Newington Pl.	32	N15
West Nicolson St.	7	N16
West Norton Pl.	20	N17
West Pk. Pl.	19	K15
West Pier	10	K20
West Pilton Av.	10	J18
West Pilton Bk.	10	H19
West Pilton Cres.	10	H19
West Pilton Crossway	10	J19
West Pilton Dr.	10	J19
West Pilton Gdns.	10	J19
West Pilton Grn.	10	J19
West Pilton Gro.	10	J19
West Pilton Lea	10	J19
West Pilton Ln.	10	J19
West Pilton Pk.	10	J18
West Pilton Pk. (street)	10	J19
West Pilton Pl.	10	J19
West Pilton Ri.	10	J19
West Pilton Rd.	10	J19
West Pilton St.	10	J19
West Pilton Ter.	10	J19
West Pilton Vw.	10	J18
West Port	6	M16
West Port Ho.	6	M16
West Powburn	32	N14
West Preston St.	32	N15
West Princes St. Gdns.	6	L16
West Register Ho.	6	L16
West Register St.	7	M17
West Relugas Rd.	32	M14
West Richmond St.	7	N16
West Savile Rd.	32	N14
West Savile Ter.	32	N14
West Shore Rd.	10	H19
West Silvermills La.	19	L17
West Straiton Cotts.	47	O9
West Telferton	22	Q17
West Tollcross	6	L15
West Werberside	10	K18
West Winnelstrae	10	K18
West Wds.	10	K18
Westbank Ln.	22	R17
Westbank Pl.	22	R17
Westbank St.	22	R17
Westburn Av.	38	F12
Westburn Gdns.	38	F12
Westburn Gro.	38	F12
Westburn Middlefield	38	F12
Westburn Pk.	38	F12
Westburn Sch.	28	F13
Wester Broom Av.	28	F15
Wester Broom Dr.	28	F15
Wester Broom Gdns.	28	F15
Wester Broom Gro.	28	F15
Wester Broom Pl.	28	F15
Wester Broom Ter.	28	F15
Wester Clo.	11	M20
Newhaven Main St.		
Wester Coates Av.	18	K16
Wester Coates Gdns.	18	K16
Wester Coates Pl.	18	K16
Wester Coates Rd.	18	K16
Wester Coates Ter.	18	K16
Wester Craiglockhart Hill	30	J13
Wester Drylaw Av.	10	H18
Wester Drylaw Dr.	10	H18
Wester Drylaw Pk.	10	J18
Wester Drylaw Pl.	10	H18
Wester Drylaw Row	18	J17
Wester Hailes Cen.	38	F12
Wester Hailes Dr.	39	F12
Wester Hailes Education Cen.	28	F13
Wester Hailes Health Cen.	29	F13
Wester Hailes Pk.	39	G12
Wester Hailes Rd.	28	F13
Wester Hill	40	K12
Wester Melville	48	Q9
Wester Steil	30	K13
Westerlea Sch.	18	J16
Western Cor.	18	H15
Saughtonhall Dr.		
Western Gdns.	18	J16
Western General Hosp.	10	K18
Western Pl.	18	J16
Western Ter.	18	J16
Westfield	49	S9
Westfield Av.	30	J15
Westfield Ct.	30	J15
Westfield Ct., Dalk.	50	T9
Westfield Dr., Dalk.	50	T9
Westfield Gro., Dalk.	50	T9
Westfield Pk., Dalk.	50	T9
Westfield Rd.	30	J15
Westfield St.	30	J15
Westgarth Av.	39	H11
Westhall Gdns.	31	L15
Westland Cotts.	43	Q11
Ravenscroft Pl.		
Westland Hos.	43	Q11
Ravenscroft Pl.		
Westmill Ct.	49	R8
Westmill Rd.		
Westmill Rd., Lass.	49	R8
Westmill Wynd, Lass.	49	R8
Westmost Clo.	11	M20
Newhaven Main St.		
Wheatfield Pl.	30	J15
Wheatfield Rd.	30	J15
Wheatfield St.	30	K15
Wheatfield Ter.	30	J15
Wheatsheaf La., Dalk.	50	U10
Whinhill Pk.	29	G14
Whins Pl.	22	R17
Figgate St.		
White Dales	41	M11
White Hart St., Dalk.	50	U10
Buccleuch St.		
White Ho.	41	K10
White Pk.	30	K15
White Pk. (street)	30	K15
Whitehall Ct.	18	H17
Whitehill Av., Muss.	24	U15
Whitehill Dr., Dalk.	50	V9
Whitehill Fm. Rd., Muss.	24	U14
Whitehill Gdns., Muss.	24	U14
Whitehill Gro., Dalk.	50	V9
Whitehill Mains	35	S14
Whitehill Rd., Dalk.	35	S14
Whitehill St., Muss.	35	S14
Whitehorse Clo.	7	N16
Whitehouse Ln.	31	L15
Whitehouse Rd.	8	E18
Whitehouse Ter.	32	M14
Whitelaw	38	E12
Whitelea Cres., Bal.	44	C8
Whitelea Rd., Bal.	44	B8
Whites Clo., Dalk.	50	U10
St. Andrew St.		
Whitingford	12	M19
Whitson Cres.	30	H15
Whitson Gro.	30	H15
Whitson Pl. E.	30	H15
Whitson Pl. W.	30	H15
Whitson Rd.	30	H15
Whitson Ter.	30	H15
Whitson Wk.	30	H15
Whitson Way	30	H15
Whyte Pl.	21	O17
Wilfred Ter.	21	P17
William Jamieson Pl.	22	R17
Pipe St.		
William Jamieson St.	22	R17
Pipe St.		
William St.	6	L16
William St. Lane, N. E.	6	L16
William St. Lane, N. W.	6	L16
William St. Lane, S. E.	6	L16
William St. Lane, S. W.	6	L16
Williamfield	22	R16
Rosefield Av.		
Williamfield Sq.	22	R16
Rosefield Av.		
Willowbank Row	12	M19
Willowbrae Av.	21	P16
Willowbrae Gdns.	21	P16
Willowbrae Rd.	21	P16

Willowpark Sch.	30	J15	Wolseley Pl.	21	P17	Woodhall Ter., Jun.G.	38	F11
Wilson Av., Dalk.	50	V10	*Wolseley Cres.*			Woodlands Gro.	22	Q15
Wilson's Pk.	23	R17	Wolseley Ter.	21	P17	Woodside Gdns., Muss.	25	W17
Wilton Rd.	32	N13	Wood Pl.	31	L14	Woodside Ter.	23	S16
Windmill La.	7	M15	Woodbine Ter.	12	O18	Woodstock Pl.	33	O13
Buccleuch Pl.			Woodburn Av., Dalk.	50	V10	Woodville Ter.	12	O18
Windmill Pl.	7	N15	Woodburn Bk., Dalk.	50	V10	Woolmet Cres., Dalk.	51	R12
Chapel St.			Woodburn Dr., Dalk.	50	U10	Wright's Hos.	19	L15
Windsor Gdns., Muss.	25	W15	Woodburn Gdns., Dalk.	50	V10	Writers Museum	6	M16
Windsor Pk., Muss.	25	W15	Woodburn Grn., Dalk.	50	V9	*(Lady Stair's Ho.)*		
Windsor Pk. Dr., Muss.	25	W15	Woodburn Ho.	31	L14	*North Bk. St.*		
Windsor Pk. Pl., Muss.	25	W15	Woodburn Ln., Dalk.	50	V10	Wyvern Pk.	32	M14
Windsor Pk. Ter., Muss.	25	W15	Woodburn Medway, Dalk.	50	V10			
Windsor Pl.	23	R16	Woodburn Pk., Dalk.	50	V10			
Windsor St.	7	N17	Woodburn Pl.	31	L14	Yardheads	12	N19
Windsor St. La.	7	N17	*Canaan La.*			Yeaman La.	19	K15
Windy Wynd, Muss.	25	V14	Woodburn Pl., Dalk.	50	V9	Yeaman Pl.	19	K15
Winton Dr.	41	M10	Woodburn Rd., Dalk.	50	U10	Yewlands Cres.	42	O12
Winton Gdns.	41	M10	Woodburn Sch., Dalk.	50	V10	Yewlands Gdns.	42	O12
Winton Gro.	41	L11	Woodburn St., Dalk.	50	V10	Yoole Pl.	22	R17
Winton Ln.	41	M10	Woodburn Ter.	31	L14	*Pipe St.*		
Winton Pk.	41	L10	Woodburn Ter., Dalk.	50	V9	York Bldgs.	6	L17
Winton Ter.	41	L10	Woodburn Vw., Dalk.	50	V9	*Queen St.*		
Wishart Av., Bonny.	49	S8	Woodfield Av.	39	G11	York La.	7	M17
Wishart Pl., Dalk.	49	T9	Woodfield Pk.	39	G11	York Pl.	7	M17
Wishaw Ter.	21	O17	Woodhall Av., Jun.G.	39	F11	York Rd.	11	M19
Wisp, The	34	R14	Woodhall Bk.	39	G11	Young St.	6	L16
Wisp Grn.	34	R14	Woodhall Dr., Jun.G.	38	F11	Young St. Lane, N.	6	L16
Wolrige Rd.	42	O12	Woodhall Gro.	39	G11	Young St. Lane, S.	6	L16
Wolseley Cres.	21	P17	Woodhall Mains	39	F11			
Wolseley Gdns.	21	P17	Woodhall Millbrae, Jun.G.	39	G11			
Wolseley Cres.			Woodhall Rd., Jun.G.	39	G11	Zetland Pl.	11	L19

This index is also available on floppy disk with

THE BARTHOLOMEW INDEXMASTER

The index to street or place names on a map or atlas is a vital part of the overall map information. It enables the user to locate the grid square in which the place they are looking for is situated.

All too often however the position of the index can create problems. It is usually printed on the reverse side of the map so that when the product is laid out flat on a table or mounted on the wall the index is no longer visible.

In street atlases, the index often has to be printed in very small text to fit within the space allowed, so it can be difficult to read. Then of course it is always possible to misread an entry particularly when there are twenty 'Station Roads' or 'High Streets'!....there is no doubt reading an index can be a painstaking and often frustrating routine.

IndexMaster is a piece of software available from Bartholomew which enables streets on the map to be located quickly using the home or office personal computer.

The software can be 'bundled' on disk with the index for any street map or atlas from the Nicholson and Bartholomew range. When it is loaded onto a PC, the user can simply type in the street or place name required and it will be highlighted on the screen with its grid reference in seconds.....no more searching, squinting and frustration.

Besides being able to find rapidly any streets in the index, with IndexMaster, it is possible to add additional locations. For instance, a taxi company might like to add their own choice of popular destinations in a variety of colours, for example pubs in green, hospitals in red and police stations in blue. There are many ways of customising the index to individual specifications.

IndexMaster, which is simple to install and operate, runs under Microsoft Windows 3.0 and higher, on all IBM and 100% compatible PCs.

For further details contact
Department EP, Bartholomew, Cheltenham:

Telephone - (01242) 512748
Fax - (01242) 222725